移民時代の異国飯

山谷剛史

星海社

219

SEIKAISHA SHINSHO

はじめに

海外旅行が待ち遠しいですか？

待ち遠しいです。僕は海外旅行が大好きです。

海外旅行とはなんでしょう。答えは「外国で旅行することだよ」――ですね。海外に行ったら何しますか？

海外を旅する番組がＮＨＫや民放で放送されています。どんな内容ですか？

こんなストーリーじゃないでしょうか。

「ここは何とかという何とかの街」という紹介をしたあと街を歩きはじめます。周囲を見回し外国に来たなあと感じます。

観光地には歴史的な建築物が多いから、教会とかお寺とか行きそうです。キリスト教圏であれば教会に行くと狙ったようにミサのタイミングでカメラが教会に入っていくこともあるでしょう。東南アジアではお寺に行き、お祈りする人を観察しながらお祈りするでしょう。イスラム圏の国であれば街一番のモスクを見るでしょう。

街歩きして観光した後は？　街中のお店にふらりと入ったり、お腹を空かせてレストランや食堂に入るシーン、定番ですよね。

そこで外国語のメニューを見て、店員にこう聞きます。「なにがおすすめですか？」――そうすると、店の人は「ここの名物はなんとかよ」と教えてくれて、それをオーダー。やってきた料理に舌鼓を打ちます。あるあるですよね。

お店に入ってもそう。店の中には知らない商品ばかりがある。（いろいろあるなあ……）と脳内でナレーターのように独り言を話しながらいろいろ観察したあと、店の人と話をするんです。そうすると店長は「この店は何年前からやっててねえ」とか語りだすんです。「おすすめはなんですか？」「そうだね、これが自慢の商品だよ！」そんなやりとりがありそうです。


旅行番組でよくある流れを紹介しましたが、実際海外旅行に行かれた方はこの経験を多かれ少なかれしているかと思います。

片言の言葉でたどたどしく注文して、現地の店員が短くシンプルな言葉で返してきて、なんとか現地の料理を食べる。それは記憶に残る経験のはずです。僕もそうでした。現地の人と話して、現地の料理を食べ、現地の店に入る。これは観光地巡りとともに、結構思い出に残ります。

この海外旅行の醍醐味《だいごみ》を、実は日本で楽しむことができます。外国料理屋に入る。これです。

「横浜や神戸には中華街があるし、新大久保や鶴橋には韓国料理屋やショップが並んでるよ。近所の商店街や大通り沿いにインド料理屋とかタイ料理屋とかあるし、そうだ、最近は中国料理やベトナム料理も出てきたぞ」

――惜しい。そこは確かに外国のメニューが並んでいて、外国人がやりくりしているけど、だいたい日本人向けになっています。日本語メニューがあり、ランチメニューや晩酌メニューがあって、サラリーマンの飲み会や女子会で胃袋を満たします。

そうした店ではなく、日本在住外国人による、外国人のための食堂やショップがあるんですね。いや、日本人に向けても商売しようとしているけれど、あまりに怪しいので多数派の日本人からすると中に入りにくい雰囲気があり、結果的に外国人が喜ぶ店になってしまった。そんな店が日本に点々とあるのです。

そうした食堂や商店は、日本に仕事や留学など何らかの理由で来た外国人が集い、外国の言葉が飛び交います。メニューは日本語がおかしいならまだいいほうで、日本語のメニューがない、そもそもメニューがないというところもあります。料理は日本人に遠慮なく外国人向けです。

ただ海外旅行と違って店員も客も日本にいる外国人です。日本語は程度の差はあれ少しは話せます。店員とも客とも日本語で話せるわけです。おまけに母語の異なる外国人同士の共通の言語が日本語です。

新小岩のメニューのない中国料理屋に片言のベトナム人の若者が入って「ドウヤッテカイマスカ?」と聞き、これまた片言の若い中国人オーナーが「コレ持ツ。アッチ座ル」と答える場面を見ました。小岩のバングラデシュ人の店で、あごひげを蓄えたオーナーに中国人カップルが日本語で「何がいいですか」と聞く場面もありました。名古屋のトルコ料理屋でトルコ人オーナーが、どこの国の人なのか中東系の女性に「ビジネスやるの!? 手伝うよ、連絡ちょうだい!」と早口の日本語でまくしたてる場面もありました。大阪のモスク近くのパキスタン料理屋で、店員のインドネシア人女性が礼拝帰りのパキスタン人に日本語でオーダーを聞いていました。

日本語が世界の公用語のようになっているので、筒井康隆の『日本以外全部沈没』のような世界がそこにあるのです。

海外旅行と同じ感覚で日本語が使えて、そこにいる初々しい外国人と会話できるのならば、ある意味海外旅行よりも楽しい経験ができるわけです。面白くないですか？


また最近では留学生や技能実習生などにより在住外国人が増えたこともあって、外国人向けの食材を売る商店を見るようになりました。

料理番組では、料理の達人が皆が知っている日本の調味料と肉・魚・豆・野菜などの食材を使って絶品の料理を作ります。一方外国の食材を売る商店では、そういった料理番組では取り扱わない在日外国人向けの調味料やインスタント食品をはじめとした食材が売られています。最初に入ったときには、きっと見たことのない商品ばかりでしょう。しかもインスタント商品を買えば、家で簡単に外国料理が再現できるわけですよ。

外国人向け食材店は、ブームにならない限り日本人はほとんど入店しませんし、店内は例えば中国人客と中国人店員といったように、同じ国の人同士が母国語で話すので外国にいる気分になります。

そしてあまり意識されていませんが、中国人なり、ブラジル人なりが商品や棚をセッティングした店の様子は、まさに本国の商店そのものなんですね。海外旅行で商店にふらりと入る気持ちになれるわけです。

心理的なハードルが高いのか、こうした店に日本人は入ろうとしません。日本の中の外国の店というと「とにかく怪しい」「騙《だま》されないか心配」という声が上がります。

一方、海外に抵抗のない友人知人をそうした店に連れていくとそれはそれは驚くし、こんなモノやこんな料理があったんだと驚かれます。かくいう私自身も、2000年代中盤に池袋北口の中国食堂「知音《ちいん》食堂」に足を運び、現地さながらの空気感に驚いたものです。

中国の反日感情が話題になったアジアカップ最終予選のそのとき、知音食堂に足を運び、アウェーで食事をしようとゾクゾクしつつ入店したこともありました。動機が不純でしたが、店主はトラブルを発生させまいとサッカー中継の映像は流さなかったことを覚えています。

料理店では、まず騙そうともトラブルを起こそうともしません。外国人も日本人同様に日々の暮らしがあり、日本で生きていくために食堂を作り商店を作り、あらゆる客に向けてサービスを提供します。日本語が不自由であったり、店内のレイアウトが独特だったりしますが、彼らは彼らなりのおもてなしをしようとしています。それでいて彼らの感性は日本慣れしていなくて、彼らの国の雰囲気が残っている。そこが面白く味わいがあるのです。

本書では、留学生や技能実習生など在住外国人が急増する昨今、日本の中で外国を感じられる移民の街をいくつかのテーマから紹介しています。インターネットなどを活用し、どこにあるか、どうやって店を見つけるか、入店したら何を注文して何を買えばいいのかについて紹介します。店が執筆時点から変わってしまっても、なんとか探し出せるように執筆しました。

第1章では代表的かつ特殊な街「小岩」を、第2章では日本最多の外国人となった中国人が集う「池袋」を、第3章では「タイ・ラオスの寺巡り」という視点で食を、第4章ではインドとパキスタン、バングラデシュ、ネパールの南アジアを、第5章では東京では見かけない外国人ばかりの「愛知県」を主に取り扱います。

各国のこだわりの絶品料理の作り方は書きません。まずその国を知る入口となるインスタント食品を入手して食べる、あるいは外国の日本料理屋で食べられるカツ丼のような庶民料理、そういったものを紹介していきます。本書である外国に興味を持つようでしたら、その国のグルメなり旅行なりより深く関心を持っていただければ幸いです。

執筆者こと山谷《やまや》剛史《たけし》についても紹介します。中国アジアITジャーナリストという肩書を名乗っています。中国の西南、雲南省昆明市を2002年から拠点に、中国ほか、雲南省からそう遠くないベトナムやタイやインドなどに行っては取材していました。が、新型コロナウイルス感染拡大により、日本に帰国したままになっています。

バックパッカーというタイプの旅行者で、すなわちツアーではなく自分で各種予約などを行い、自分自身でかばんひとつ背負い、街や観光地をそのときの気分と体力で気ままに動く旅行者です。そこで新型コロナウイルス感染拡大で海外旅行に行けない間ずっと、日本の異国街を街歩きとインターネット双方から開拓し、経験を積んでいました。

今後、移民が否が応でも増えていく中で、国内でバーチャル激安海外旅行がより容易になることでしょう。

また知らない国のことを学ぶのはなんとも難しいですし、身近な存在でもありません。しかし国内旅行で一度行った先は身近になり記憶に残るように、外国についても、現地のご飯を食べることでずっと身近になります。本当ですよ?

旅行番組で自分が食べたことのある料理が出ると、「あっ同じだ! 向こうでもこんな感じで食べられているのか」と思ったものです。食べることは、未知の外国を知る第一歩、その国をさらに知ろうとするきっかけになります。

旅の楽しみが、「まだ見たことのない景色を見たり、行ったことのない場所に行ったりすることができること」だとするならば、意外なところにある近場の外国料理屋に行くことで、降りたことのない駅で降りて食事を取り雰囲気を感じ、未知を既知にすることができて快楽が得られるでしょう。しかも旅の快楽が得られる知らない外国がすぐ身近にあるかもしれないのです。

日本の食材だけではなかなか再現できない、全く未知なご飯が日本国内の外国商店や料理店で食べられて、外国気分が満喫できます。外国料理屋から学んだその国の情報や移民の街の街歩きの話など、行った数だけ話のネタも増えます。本書を手に取り、美味しいものを激安で食べて幸せになっていただければ幸いです。

最後にツイッターで見かけた今も記憶に残る外国食堂感想ツイートを紹介します。神戸春日野道の、ベトナム人に人気のベトナム料理食べ放題の店での感想です。こんな内容でした。

「食べ放題で美味しかったが最後まで何を食べているかわからなかった」

目次

第4章 大阪西淀川のパキスタン料理屋で食べて語らう

第5章 愛知の異国飯でラテンを旅する

第1章

東京最カオスタウン小岩でアジアの未知飯を発見する

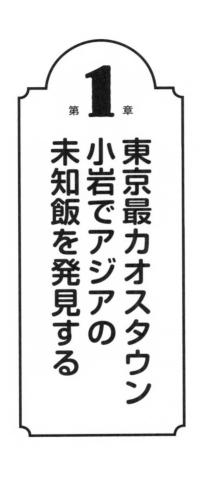

東京の最果ての街「小岩」

異国飯の虜《とりこ》になったきっかけは東京の小岩だった。と同時に、小岩は振り返ってみて日本で最も異色の異国飯の街だった。新型コロナウイルス感染拡大中の日本で、コロナ禍以前はＬＣＣ（格安航空会社）を使いこなし、旅行に行っていた知人が小岩の異国飯に唸《うな》った。もちろん外国人が集う新大久保は誰が見たってエスニックタウンだ。しかし、それとは別に小岩はとてもエスニックな街なのだ。

僕はそれまでもネパール人が作ったカレーを食べていたし、在日中国人による中国料理も食べていたし、新大久保で韓流ブームが起きる前に韓国料理も食べていた。それでも小岩の異国飯に夢中になった。小岩はあまりに濃い街だったからだ。

下町の小岩は実にマイナーな街だ。小岩駅は東京23区の東端にある総武線の駅で、江戸川を挟んで隣の市川駅は千葉県になる。江戸川向かいの市川駅にはタワマンが建ち、千葉県で指折りのお屋敷街があり、小岩よりも街の評判がいい。

同じ東京23区の端でも、埼玉県と接する北の赤羽はＪＲの多数の路線が通るターミナル駅だし、神奈川県と接する南の蒲田はＪＲと東急と京急がある街で、都民であればまずイメージできる。ところが小岩はマイナーだ。

赤羽駅や蒲田駅がターミナル駅なのに対して、小岩駅は各駅停車しか止まらず、路線図では決して目立つことはない。おまけに隣に快速が停車する新小岩駅があり、だいたいの東京の住民ですら小岩駅と新小岩駅がごっちゃになる。僕もそんな認識だった。東京東部の住民以外にとっては、「なんか聞いたことのある駅」くらいでしかないのが小岩だろう。

しかも小岩の街はイメージが悪い。治安の悪い歓楽街と言われ、最近では上品でない人々にフォーカスしたゆるいテレビ番組『月曜から夜ふかし』で、ひどく奇人が集まる庶民的な街として紹介されている。同番組の司会のマツコ・デラックスをして「逃げたくなるんだけど、逃げられなくなる！　小岩に住んでしまったら一生小岩！」と言わしめる始末。

そもそも小岩は歓楽街なのに東京の中心部から遠く、地元住民以外はなかなか飲みに行かない。飲み会があるときも、地元民の集いでもない限りは秋葉原より東の錦糸町《きんしちょう》・小岩・千葉方面で開催されたことはないはずだ。

実際に調べてみると小岩から秋葉原までは各駅停車で7駅17分、新小岩から東京駅までは快速で4駅13分で、住んでいる人にとっては都心に出るのに案外近い。

しかし東京の西側に住んでいる人からすれば「山手線の東側のそこからさらに電車で何駅も行く」という感覚はひたすらに面倒くささを感じる。東京から神奈川に行くには多摩川を、埼玉に行くには荒川を渡るが、東京から小岩へ向かうにはまず両国《りょうごく》で隅田川《すみだがわ》を越え、さらに平井の先で荒川と中川を越える長い橋を渡った先に新小岩と小岩がある。実際の距離以上に、心理的にとんでもなく遠くに感じるのだ。

『錦糸町ナイトサバイブ』という漫画では同じく東京東部の錦糸町の歓楽街のひどさを紹介しつつ、「東京ってのは東の端に行くほど残念になる」「総武線も東に行くほど残念になる」と紹介し、ネットで共感を得ている。東京の東の果てにある小岩はとにかく最も残念な街らしい。

一方で小岩の評価として、東京の割には地価が安くて庶民的という声も定番だ。小岩から放射状に商店街が広がり、チェーン店や飲食店に交ざってお香を売る店や味噌を売る店など実に渋い店も点在している。商店街は遠くまで続くが、シャッター街となり、一部の建物は解体されている。その雰囲気は地方都市のそれに近い。

このように小岩は都区内にありながら、都民からは遠すぎるという印象があり、地元民以外からは見向きもされないのだ。

小岩で見たことのない食べ物に出会う

2019年のある日、そんな小岩駅周辺をぶらり散歩することがあった。

小岩駅の南口を出て、目の前に広がるバスが停車するロータリーを左に見ると、派出所がありトイレがある。トイレで用を足そうと大のほうに入ると闇カジノの広告が大胆にも貼られている。さらに先に「喫茶白鳥《はくちょう》」という喫茶店がある。喫茶白鳥はこれまた日本でも貴重なスペースインベーダーなどのテーブル筐体《きょうたい》が置かれた喫茶店なのだが、そこに行くたびにごく普通の地元の人が談笑している。

喫茶白鳥の脇の狭い道を進む。タイマッサージの「ワラポーン」という店がまず目に入る。格安な値段を気にしつつ前進すると、「香港夜市」という中国料理屋、インド人がやっているドネルケバブ屋、韓国料理屋「ソラボル」、ハングル文字しか書かれていない美容院、メニューの料理写真に「268酒場」と単位の書かれていない数字が書かれたメニュー表を表示する中国料理屋など続々と不思議な店が出てくる。

その先に「ベットガット　南アジアアンテナショップ」というインドの香りがする店があり、立ち止まる。匂いも強烈なのだが、店の外に貼られた写真「スペシャルセットメニュー――カジャセット　マスチュラセット」というカレーの要素が一切なさそうな料理が僕に刺さった。インドもネパールも旅行者レベルで街歩きはしたけれど、こんな料理は食べたことがなかった。

「なんだこれは。これは食べてみたい」と思い、いよいよスライドドアを開けて中に入ると、中からはまさにインド系のスパイシーな匂いが強烈に襲いかかる。

ベットガットは食料品を売るショップも兼ねており、様々なインド料理（南アジア）用の食材が売られている。店内を見回すと豆やスパイスやスナックや調味料など様々なモノが並んでいる。冷凍庫もあり、中には肉などが冷やされている。スーパーで見たことがないものばかりだ。

人間の五感はまず目で感じて鼻で感じるはずなのだが、知らないものばかりの空間に入ると、どうにも嗅覚が視覚を上回る。静かな店なのだが、もしインドポップが大音量で流れていたら耳と鼻がまず働きそうだ。ショップの奥にはイートインスペースがあり、食事ができる。後で訪れたときには、サリーを着た南アジアの女性がパーティーをやっていたこともあって驚かされた。

さて、初訪問時に話を戻すと、背の高いチェック服の店員が出てきた。見たところネパール人で、インド人よりも東アジア顔だが濃い顔だ。

日本語でオーダーした、日本人には馴染みのない「カジャセット」なるものは、人生それなりに生きていたのに初めて食べる例えようのない食べものだった。見た目はベビースターと柿の種とおつまみの豆菓子を混ぜ、そこにきゅうりとニンジンスティックと肉をのせて、現地ならではのカレー風味にしたものだ。食感はとにかく歯ごたえがありボリボリと噛み砕いて食べたが、食べ終わった後には満腹感とともにあごが疲労でノックダウンした。

世の中には知らない食べ物があるものだと、食後に小岩駅周辺を歩き回ると、どちらにも数えられないほどの外国料理屋があった。どうも小岩には知らない海外がありそうだと思い、頻繁に足を運ぶようになった。

インターネットが異国飯の発見に役立つ

後日小岩の外国飯の実態を知るべく、インターネットで調べてみる。小岩に限らず、各地で異国飯を食べるついでに図書館にも調べに行った。図書館には郷土資料が揃っている

カジャセット（写真は筆者撮影、以下も同じ）

のだが、ここ最近の外国人在住者の状況がわかる本や、歓楽街をレポートした書籍は少ない（そういう意味では本書は珍しい）。

まず最初に取ったのが、グーグルマップで「小岩　外国料理」や「小岩　エスニック料理」と検索してみる方法だ。実にいろんな国の料理屋があって驚かされる。中国料理、韓国料理、台湾料理、タイ料理、フィリピン料理、ベトナム料理、ネパール料理、インド料理と様々な料理が表示された。しかもいくつかの店は非常にクセがあるものだった。

同様に住んでいる場所、よく行く場所に対して、グーグルマップで「(場所名)　外国料理」「(場所名)　エスニック料理」あるいは「(場所名)　ハラル料理」と入れてみよう。するとその街の外国料理がずらりと出てくる。見つけた店舗について外国語で書き込むレビューがあれば、外国人向けの本格派の可能性がある。

ちなみに日本語レビューが多い異国飯屋は、5点満点中5点近くと極めて利用者の評価が高いことがあるが、これは異国飯が好きな人が意図して食べに行くために高くなっているケースが多い。言い方を変えれば趣味に優しい愛好者の評価であって、一般向けの評価でないことは注意されたい。

グーグルストリートビューで外国料理の店を見ると、店の入口の雰囲気が確認できる。

が、開店が最近でストリートビューの更新がされていない場合、前に入っていた店舗が表示されることもままある。ここで活躍するのがストリートビューのタイムマシン機能だ。

　画面左上に表示される地名の下に、小さな時計のアイコンが出てくれば、過去のその場所の写真をグーグルが撮影している。小岩の外国食堂は居抜きが多く、出店と閉店のスピードが早いので、前にどんな店が入っていたか、何の居抜きだったのかを確認したければ、この機能を使って確認しよう。

　2000年以降であれば、インターネット上の日記やSNSの草の根情報が当時の状況を事細かく記載している。グーグルは作成された日付を絞って検索することができるので、例えば「小岩」という検索ワードで2010年以前の小岩に関する記事や書き込みを見たり、「小岩　フィリピンパブ」という検索ワードで時間を絞って2005年以前に作成された小岩に関するフィリピンパブの書き込みを見るといったことが可能だ。

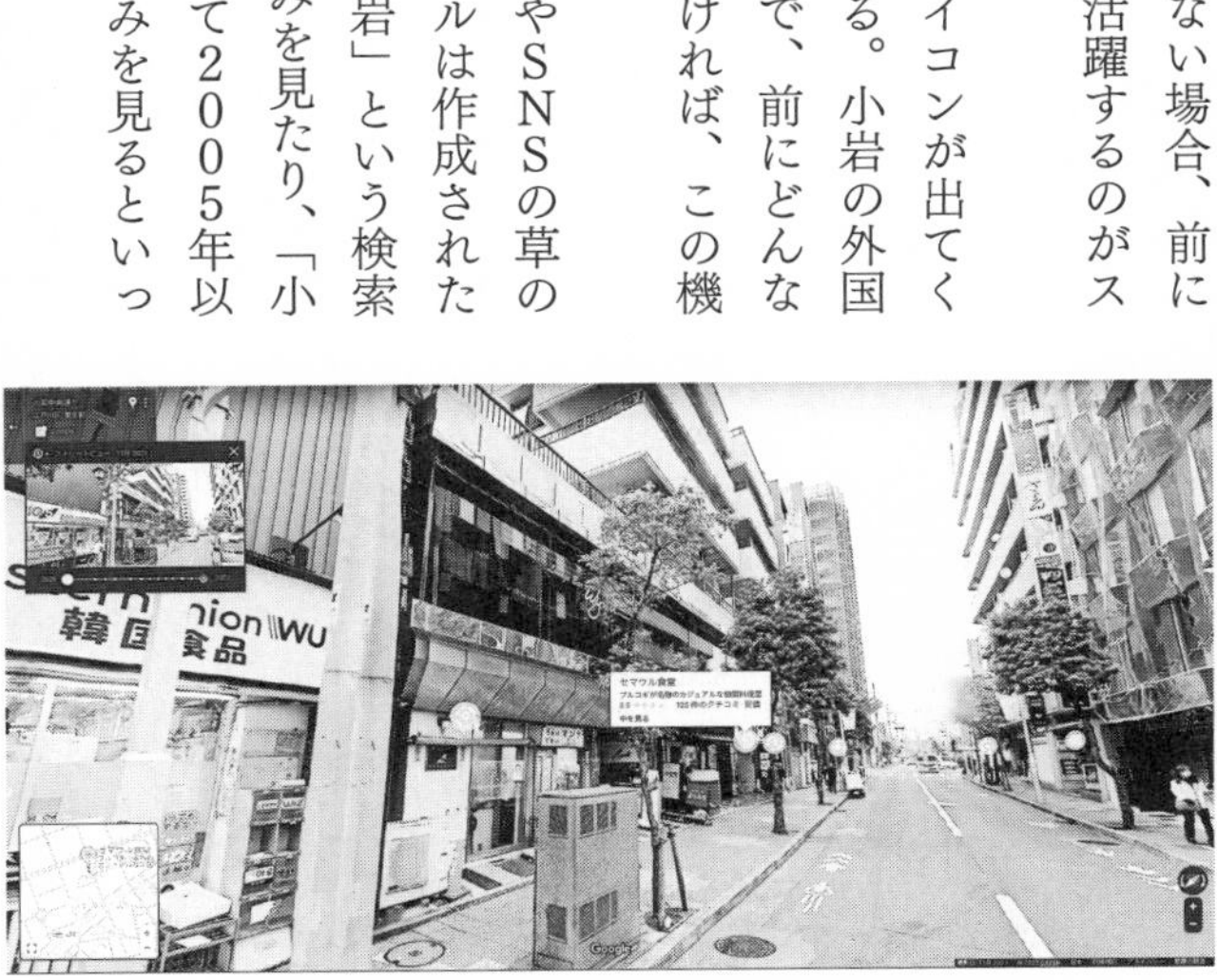

ストリートビューのタイムマシン機能（左上）で過去のその場所を比べながら歩く

またリアルの生き証人と気軽に話をする場所として、観光案内所や地域の博物館がある。住民が担当者になっているそういった場所で尋ねたほうが、ここ数年のリアルな情報はわかるだろう。その土地にある老舗《しにせ》の異国飯屋を予想できたら、そこへ行って食事がてら店の人と話すのもいい。

どの自治体にどこの国の人が多いのかを知ることができれば、どの国の料理店があるのかを予想できる。これを知るヒントが都道府県や市町村や区が出している人口統計で、インターネットや各地の図書館でアクセス可能だ。例えば「東京都　統計」で検索すると、東京都の各区市町村の外国人住民の数が出てくる。特定の地域である国の外国人が目立って多い場合、その地域でその国の出身者向けのレストランや商店が何店もある可能性がある。

2021年10月時点で調べると、東京の区市町村では小岩のある江戸川区が在住外国人数は最も多く、3万5千人を超える外国人が住んでいる。それだけいればどんな料理もあるわけだが、江戸川区の特徴としてインド人が他区と比べて多い。ここから江戸川区には

江戸川区	35424
新宿区	34572
足立区	33241
江東区	29386
板橋区	25832
豊島区	24694
大田区	23289
葛飾区	21732
北区	21435
世田谷区	21128

（単位：人）

表1　東京の市区町村別の在住外国人数（上位10位、令和3年10月時点）

インド料理屋や食材屋が特別多いことが類推でき、実際に江戸川区にある西葛西駅近辺には、リトルインディアと呼ばれるインド人集住地域がある。

小岩が多国籍の街で、西葛西にインド人が多いことはメディアで報道された有名な話だが、報道されていない地域もだいたいそれで予想できるのでぜひ活用しよう。

尖りすぎた店の数々

小岩で外国人が開いた店は多数ある。その中でもとりわけクセのある日本離れした店をここに挙げる。なお全て２０１９～２０２１年での実地調査である。

おでん屋台「マンナ」

韓国の大都市でよく見るおでん屋台そのものだが、もはや東京を代表するコリアンタウンの新大久保ですら見られないものだ。韓国のおでん屋台同様に、おでんやトッポギやキムチが食べられる。飲み物は韓国焼酎のとうもろこし茶割か、おでんのだし汁を

マンナの韓国おでん

出す。屋台時代、店舗時代を通して30年営業している小岩の韓国料理の老舗。主に地元の日本人や韓国人が利用する。会社帰りやジョギングがてら、ふらりと入って韓国語で会話し、ちょっと食べて飲んで出ていく韓国人客も。

韓国スーパー「BIG5」

冷凍食品、調味料、缶詰、ドリンク、酒など韓国系食材が充実している。インターネットが苦手な人向けに、韓流ドラマのDVD-Rが無造作に積まれ、売られている。本書の調査期間中に内装を変え、軽食が食べられる屋台のようなスペースを設けている。

ネパール料理「ハングリーアイ」

ネパール料理というとナンとカレーセットを出すのが一般的だが、オーナーのグルングさんは「カレーとナンを出すネパール料理屋は邪道」とばかりに、ネパール・ポカラの伝統の家庭料理だけをカフェの居抜きで提供する。新型コロナウイルスにより一時閉店を余儀なくされた際はカフェの空間にネパールアートの巨大作品を壁に描くなど、店長は料理や世界観の構築に強いこだわりがある。もともとは小岩の別の場所で店を営業した後、カフェの居抜きを見つけてこの店を開店した。

ベトナム料理店「フォーおいしい」

ベトナム料理で定番の麺「フォー」のほか、春巻きやご飯ものを提供している。細長い建物が本国ベトナムを彷彿とさせる。人気ゆえに食事どきには上階の「カラオケアジア」という店まで開放し、遅く来た客にはカラオケルームで食べさせるあたりまで本国を再現する。その人気から池袋の西武百貨店に2店目を出した。

バングラデシュ料理店「ゴレルシャッド　うちの料理」

アルファベット表記のGHORER SHADをベンガル語から日本語に翻訳すると「家の味」と訳される。カレーやビリヤニはあるが、なんといってもマッシュポテトのような「ボッタ」や炒め料理の「バジ」といった家庭料理を出してくれるのが特徴だ。バングラデシュのVIPが来日すると食事をケータリングするというのが自慢で、都内に近づくべく小岩から2駅都心よりの平井駅に移転した。今度は平井がリトルバングラデシュになる。

インド料理店「ビリヤニハウス」

インドの米料理「ビリヤニ」がメインだが、日本でも少数派の「ドーサ」がメインの南インド料理が、つまりナンとカレーではないものが食べられる。また15時から、ちょっとだけカレーが食べられるおやつ時間を設けている。

台湾料理店「麻屋《マーヤ》」

庶民的台湾料理の定番魯肉飯《ルーローファン》やミルクティーを提供する。デザインが統一されておらず、メニューは読解不能な日本語で書かれ、冊子になったり壁に貼られたりしている。ただし店のサービス精神は旺盛で、試作品を突然くれたり、アルコール類を百円で出したり、謎のキャンペーンをやったりする。

フィリピン料理店「ルートンピノイ」

パブの居抜きと思われるふかふかなソファで本格的なフィリピン料理が食べられる。

ただし入口は創業支援施設「チャレンジオフィス小岩」というビルで、とてもそこに店があるとは思えないのが玉にきず。階段を上って通路を進んだ奥にあり、入るのには勇気がいる。常にフィリピンのテレビ番組が流れていて、日曜夜は１０００円で食べ放題という格安価格で食事が提供される。店にはフィリピン人が集まり、ときにパーティー会場となって英語やタガログ語が飛び交う。

フィリピン料理店「ダバオキッチン」

フィリピン料理というだけでも既に珍しいのに、中でも南部ミンダナオ島の食事を提供する。やや暗くディスコのような雰囲気で、ディスプレイでは英語のカラオケなどが流れるのだが、本格的なフィリピン料理が食べられる。同行した日本人の感触を見ても最も入りにくい店だが、それだけに入ったときの異国感は飛び抜けている。

タイ料理店「サイフォン」

キャバクラの内装を活用した場末の空間が特徴だが、当時食べログで最高評価のタイ料理店となっていたほど美味。後に名前を変更後、閉店した。現在では、この店があった場所は小岩の中国料理店「小城《シャオチャン》」が移転し、営業している。

タイ料理店「クンヤーイ」

ラブホテルに周囲を囲まれた、日本の民家風の大衆食堂を居抜きで活用している。テレビではタイの番組が流れていて、本国タイの食堂のようなまったりとした空間で、タイ人のおばちゃんに注文してタイ料理が食べられる。店内では、子供が内職なのかおしぼりを詰めていたり勉強をしていたりする。入口にはタイの食材があるほか、本国同様にテイクアウト用のおかずが屋台の金魚のように透明の小袋に詰められて売られている。再開発計画とともに閉店する。この後、異国飯屋を巡り、食材を売る食堂に外れなしと実感するようになる。

ゾロアスター系イラン料理店「ジョンズキャバブ」

イランというとムスリムの国で酒はご法度《はっと》のように思えるが、店主のジョンはゾロアスター教徒なので酒をどんどん出す。地元の人々が声をかけて注文し、ケバブを買って持ち帰る、地域にある程度根付いた店のようだ。

イラン料理店「ビーナスデリ」

もともとは六本木にあったが、六本木の喧騒と競争から離れて小岩でニーズに合った空きテナントを発見して営業を開始した。イランの美味しいケバブやデザートなどを提供しようとするこだわり派だ。ひとつの街にイラン料理店が2店もあるのは極めて珍しい。

その他に中国料理系も充実していて、羊肉や朝鮮族系や蘭州ラーメンなど様々な中華系の食堂があり、変わったところでは人気ミルクティー店「ジアレイ」の偽ブランドの店が堂々と営業を続けていた時期があったが、お叱りを受けたのか別の中国系食堂に鞍替えした。また中国系では中国食材店や、「劇本殺《ジーベンシャー》」と呼ばれる人狼ゲームのようなマーダーミステリーの遊びができる中国人御用達の店がある。

他の国で料理店以外を挙げると、タイのマッサージ屋は小岩駅周辺に多数あり、特に「ワラポーン」は店の入口からしてタイの庶民的なマッサージ屋そのもので、異国風の雰囲気あるマッサージ屋となっている。さらにはムスリムのインドネシア人が働くパブ（いいのか？）や、アフリカの内気なガーナ人がやっているバーや、場末の韓国クラブや、フィリピンやベトナムのカラオケレストランがあったが、コロナの期間にその一部は閉店した。

これほどまでに他では見られないような店が集まっているのが小岩だ。

冒頭で、「浅草橋以降、総武線の駅は錦糸町を通り、小岩までだんだんと残念になっていく」という言葉を紹介したが、逆に言えば特に錦糸町以降、小岩（千葉方面）に行けば行くほど外国そのものの面白い異国飯屋が増えていく。例えば錦糸町のフィリピン料理や中国料理、亀戸《かめいど》の中国料理、平井のバングラデシュ料理、新小岩の中国・ベトナム・タイ・バングラデシュ料理はそれぞれ目を見張るものがある。

それでも小岩に印象に残る店が多いのは、それぞれの国の人が同胞を主なターゲットにしていて、かつ元々はキャバクラだったり日本料理屋だったりした店の居抜きベースの手作り内装で営業しているからだろう。それゆえに、都内の他の街ではなかなか体験できない不思議な感覚に襲われる（次の章以降で紹介するが、居抜き系の店は都内以外では多数見かける）。

小岩がカオスになった理由を解く

ではどうして小岩はこれほどまでにカオスになったのか。まずは小岩のある江戸川区に外国人が集まった理由を「地域社会における外国人の集住化に関する調査報告——江戸川区のインド人コミュニティを中心に（周、藤田）」を引用して紹介する。

同レポートでは、「江戸川区に居住する外国人の最大の特徴はその多様性にある」としている。江戸川区では戦前から在日朝鮮・韓国人が区北部に集住し、戦後は引揚者受入施設が区内に移転し、それに伴い1980年代に入ると中国残留邦人などの中国帰国者が増え、区南部の公営住宅に集住した。90年代後半以降は、区南部の再開発で多くの団地や集合住宅が建設され、中国人やインド人が住み始めた。

かくして（外国人が昨今急増する前から）在日朝鮮・韓国人、中国帰国者、ニューカマー中国人、インド人など多様な出自を持つ人々が江戸川区の特定の地域に居住していた、と同レポートでは結論づける。

中国帰国者とは、第二次大戦後に中国の東北地方に残ってしまった「中国残留邦人」のうち、その後日本に帰国した人とその家族のことをいう。中国在住者が最も早期に日本に集住した地域が、口コミを重ねてニューカマーを呼び寄せたという話は江戸川区だけでなく、大阪の伊丹でも聞く。江戸川区について調べてみると、小岩ではなく2駅隣の平井に多く集住していたそうで、今も帰国者のゲートボール大会や帰国者が慣れた中国語で会話する施設が平井にある。

長く中国に在住した中国帰国者の中には、日本各地で料理屋を開いている人もいる。「中国帰国者支援・交流センター」のサイトからは、東京新宿の北京料理「玉蘭」や福岡六本松の「您好！朋友」をはじめとした、帰国者が開いた店があることが確認できる。ガチ中華ブームの遥か前から営業しているため日本式の町中華になっている店が多いが、話をしてみると何か裏メニューを作ってくれるかもしれない。

続いて小岩について紐解いていこう。話は戦後間もなくにさかのぼる。太平洋戦争後に小岩ベニスマーケットという水上の闇市ができた。小岩の中央通りは元々は小岩用水という用水路だったのだが、戦後間もない1946年に水上の闇市ができて、繁華街に成長したのだそうだ。後にその上に道ができて川は暗渠《あんきょ》となり、やがてその中央通りはそのまま飲食店街となる。飲食系の外国料理屋を確認すると、確かにこの通りかその近くに外国料理屋はある。

さて、グーグルで昔の記事に絞って検索すると、2005年頃にはタイマッサージの店

「ワラポーン」ができたようで、マッサージを体験したブログやタイ料理を食べたブログがヒットする。またフィリピンパブでフィリピン嬢と猥談《わいだん》をするための用語集が、このときSNS「ミクシィ」の小岩フィリピングループの中でできている。韓国街ではなんだか近寄りがたい雰囲気が出来上がっていたという（もっとも当時ネットでは嫌韓が盛り上がっていたので妄想や想像が加味されている可能性はある）。

小岩の2010年頃を紹介した記事が、webサイト「東京DEEP案内」と「デイリーポータルZ」にある。いずれも「なんだか多国籍化している」という噂話を聞きつけた上で、小岩を歩いてみたという記事だ。

これらの記事からは、当時は韓国料理、フィリピンパブ、タイマッサージ屋が多かったことが見て取れる。当初は小岩中央通りに集中していて、線路を挟んで北側に韓国系の飲食店が、南側にフィリピンパブがあり、小岩中央通りと駅を結ぶ地蔵通り沿いにタイマッサージ屋があったようだ。そして点々と中国の店もあることがうかがえる。

韓国人街は今以上に濃厚な韓国そのものの雰囲気だった。しかも当時も小岩のコリアタウンは新大久保と違って全くオシャレではなく庶民的だった。屋台と実店舗で足かけ30年小岩で営業している韓国おでん屋「マンナ」で、昔から住んでいるという高齢の医者にこの辺の話を聞くことがあった。

「このビルも向かいも全部韓国の店だったよ。この辺の闇カジノとかが摘発されたことがあって、韓国の店がだいぶ減ったんだよ」

中央通りの線路北側に集中している韓国の店は昔ながらの生き残りだったのだ。同じく中央通り北側に1軒だけある異色のフィリピン料理店「ルートンピノイ」をやりくりするエリーさんは証言する。

「私30年日本なんです。最初金町《かなまち》で働いてその後小岩で仕事したんです。この店は昔は韓国パブだったんですよ。でも韓国人がいなくなっちゃった。それで大家さんがどうしようと困って私に声をかけてくれて、どうしようか迷ったけど借りたんです。フィリピンパブとして最初使って、その後フィリピンレストランにしたんです。フィリピンパブは昔は小岩にいっぱいありましたよ、でも少なくなったんです」

なるほど、韓国人街に1軒だけフィリピンパブの居抜きのようなフィリピンレストランがあるのも合点がいった。

「ここがもともとタイマッサージのところですよー。昔はここは食堂でした」

タイマッサージの「ワラポーン3」でマッサージをしながらタイ人のスタッフは教えて

くれた。なんだか妙な居抜き感があるのはそのせいだった。都内でタイマッサージができる場所として小岩が知られるようになると、タイ人が続々と小岩駅周辺にマッサージ屋を構え、またタイ人労働者向けのレストランが何軒も湧くかのようにできていった。

やがて韓国料理店は全盛期よりも減り、またフィリピンパブもブームの沈静化とともに激減した。中央通り沿いで空きテナントが続々と出てくる中で、同胞がいるからとタイ料理屋「サイフォン」がパブの居抜きに入居し、中国料理屋もこの道沿いに続々と店を構えた。

サイフォンが店を閉じたと思ったら、その居抜きで「小城」が北側から南側に移動した。と同時に、中国人の資金力ゆえか、内装は場末のパブの居抜きから綺麗な焼き肉屋仕様へと変わっていった。他方では南インドの店や、ガーナのバーやイランのレストランまで入っていよいよ多国籍になっていった。多国籍な街となるや、さらに多くの外国人を呼び、中央通り以外の小岩近辺でも、様々な国の店が増えていった。

つまりこうだ。小岩は元々は水上闇市で栄えていた。その通りを中心にフィリピンパブと韓国系店舗とタイマッサージ屋がテナントとして入り、やがて時間が経ち彼らが抜けていった。いろんな国の人がただ「安いから」という理由で小岩を目指した。

東京の大多数の人々から見れば、小岩は飲みに行く場所ではなくニーズは低い。日本人のニーズの低さと居抜き可能なテナントの潤沢《じゅんたく》な供給から、小岩は都内としては格安な賃料で店をオープンできる環境になった。外国人が最初に東京で店を出す分には最適な場所として、中央通りという線から面へと外国の店が増えていったというわけだ。

思えば小岩と同じく異国街として知られる池袋北口や西川口も風俗と飲食が絡み合う街で、風俗店やラブホテルのすぐ近くなど日本人があまり好まない立地に中国人が入ってきて、店を続々とオープンさせて今の形になっていった。他にも日本各地の風俗街で、外国人が空気を読むことなく料理店や食材店を開き国旗をはためかせている。

もちろん小岩の外国料理店の中には、バングラデシュのゴレルシャッドやベトナムのフォーおいしいのように小岩から卒業する店もある。しかしこの2店の跡地にはやはり外国の店（韓国とベトナム）が入って営業を始めていた。内装を変更しないから新店の開業がすこぶる早い。

結果的に新大久保では再現できないような韓国おでん屋など安価な店や、自分好みにデコレーションした居抜きベースの店舗など、きわめて奇怪な店が小岩に多数誕生した。家賃の安さを理由に増加する外国人住民もいることから外国食堂と商店が商売として成り立つ。小岩に外国料理を食べに行くような日本人は、僕のような変わり者しかおらず、日本人離れした店舗に寛容だ。だから本来日本人から受けそうなアドバイスを受けることなく、独自路線の店が営業し続けているのだ。

かくして最も残念な街と評される小岩は、それが転じて様々な要因が絡み合い日本屈指のバラエティ豊かな異国飯の街となった。日本中探してもこれほど変な街はないし、今後も日本人にとって残念な街である限り、そのテナントの潜在的多さと利便性から様々な外国人が「はじまりの街」として、思い思いに自分の食堂をオープンしていくことだろう。

第2章

東京池袋でリアル中国料理を食べる

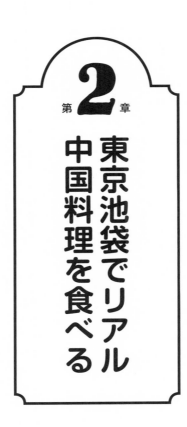

政令指定都市並みの人口の中国人

日本で一番多い外国人は中国人だ。それだけにリアル中国料理は多い。

2020年末の日本の在留外国人を国籍別でみると、1位は中国で約78万人だ。この数は在留外国人の27%に相当する。2位はベトナムで約45万人、3位は韓国で約43万人、4位はフィリピンで約28万人、5位はブラジルで約21万人と続き、以下ネパール、インドネシア、台湾、アメリカ、タイがいずれも数万人規模で続く。在日中国人の数は政令指定都市の静岡市や岡山市、熊本市の人口よりも多い。

なるほどこれだけ中国人がいれば、中国人がやっていそうな中国料理屋というのは繁華街はもちろん、郊外の住宅地や地方の国道やバイパス沿い、果ては離島にもあるわけだ。「身近な外国人といえばまずは韓国人」というのは昔の話で、韓国人の数は中国人だけでなく、激増するベトナム人にも抜かされている。

そして中国人が最も多く住んでいる自治体は、都道府県別では1位が東京都で約22万4千人弱で、2位が埼玉県で7万5千人弱、3位が神奈川県で7万3千人弱、4位が大阪で

東京都	223883
埼玉県	74826
神奈川県	72782
大阪府	67229
千葉県	54776
愛知県	48090
兵庫県	23258
福岡県	19593
京都府	15782
広島県	13779

（単位：人）

表2　都道府県別の在住中国人数（上位10位、令和2年末現在）

6万7千人余り、5位が千葉県で5万5千人弱となっている。南関東一都三県が上位に入り、これを足し算すると、なんと約43万人にもなる。一都三県の総人口の1パーセント以上が中国人というわけだ。これだけいれば中国料理屋を開く人がそれなりにいるし、関東に多いSNSユーザーが発信する異国飯ルポの中でも、中国料理の食レポがとりわけ多いのも納得だ。

ちなみに東京都特別区（23区）に在住する17万6千人弱の中国人のうち、区ごとのデータではトップグループの江東区、足立区、江戸川区が1万4千人台、その後に板橋区、新宿区、豊島区、葛飾区、北区が1万人以上で続く。東京都以外では横浜、大阪、名古屋といった人口が多いところを除けば、埼玉県川口市が2万3千人弱と、東京23区のどの区よりも多い。

確かに東京と周辺で中国人が多い場所といえば、西川口（川口市）や池袋（豊島区）が有名だ。他にもリアルな中国食堂が多い場所では新大久保～大久保（新宿区）、高田馬場《たかだのばば》～西早稲田（新宿区）、亀戸（江東区）、新小岩（葛飾区）、そして第1章で紹介した小岩（江戸

江東区	14727
足立区	14664
江戸川区	14490
板橋区	13382
新宿区	11832
豊島区	11274
葛飾区	11094
北区	10479
練馬区	8034
大田区	8013

（単位：人）

表3　都内の市区町村別在住中国人数（上位10位、令和3年10月1日現在）

川区）が挙げられる。在住人口で上位ランキングには入っていないが台東区の上野もリアル中国料理屋は多い。東京には中国人が多いがまんべんなく住んでいるのではなく、結構偏りがある。ちなみにトリビアだが高田馬場という地名は長いのか、中国人界隈では「高馬《ガオマー》」と略される。

地域ごとの在住外国人の人数は国や市区町村のサイトで公開されている。例えば「在留外国人統計」で検索すると政府発表の統計が出ているので、最新の情報を調べることで、外国人が多く居住するエリアを確認できる。それを見つけることで、どの都市にどの国の異国飯屋があるかを予想できる。

海外でも、日本人が多く住む都市には日本人向けの料理屋があり、日々働いて疲れた日本人駐在員を癒している。2000年前後、バックパッカーと呼ばれる個人旅行者による海外旅行ブームの際には、多数の日本人旅行者が滞在する人気の街（沈没地ともいう）にカツ丼やカレーライスを提供する店があり、長旅で疲れた日本人をほっとさせた。

上海やバンコクなど日本人が特に多い街では、食べられる日本料理もラーメンや寿司や居酒屋など多様化し、贅沢《ぜいたく》をしなければ日本とほぼ遜色《そんしょく》のない食生活をすることができる。店では日本の輸入品を中心に扱うスーパーや、日本の商品に特化した中古屋や、日本語が通じる美容院や病院などがある。あとは日本人男性向けの風俗店もできていた。

中国人にしてもこれだけ在住者が多いのならば事情は同じだ。特に中国人が多く住んでいる地域では、もう本国とあまり変わらない様々なジャンルの中国料理屋があり仕事帰りの中国人でにぎわい、食料品店も多くの中国人客でごった返す。

それだけ人が集まるようになると、海外の日本人街がそうだったように、食関連以外の店も出てくる。具体的には中国人向けの美容院やネットカフェ（網吧）やカラオケ（量販KTV）、脱出ゲーム（脱出遊戯）や人狼のようなマーダーミステリー（劇本殺）ができる店などが挙げられる。新小岩の中国商店にふらりと入ったときには、店の奥でスマホ片手に麻雀をしているのを見て驚いた。それは本国と同じ光景だった。

余談だが中国本国ではタワマンの部屋を複数所有し遊ばせている家主が、脱出ゲームやテーブルトークRPGの部屋やカフェなどにして開放しているケースをよく見る。つまり脱出ゲーム屋にするための内装や小道具などの商品が多数つくられて、ECサイトで売られ気軽に買える状況にある。休みの日には友人同士でご飯を食べたついでに、こうした店に入って一緒に楽しむという行動をする人はいる。日本でも中国人は同様の楽しみ方をするというわけだ。

グーグルマップでこれらの中国語を検索バーに入れて検索してみる。例えば劇本殺というワードで検索すると、関東では池袋、高田馬場、新大久保、大久保、鶯谷、上野、小岩、西川口、関西では難波、今里新地《いまざとしんち》、太秦天神川《うずまさてんじんがわ》にあると表示される。池袋ではカラオケや脱出ゲームや美容院もある。

中国人が集まり本国さながらにご飯を食べ、遊ぶという行為ができるわけで、相当にリアル中国が集まるエリアである可能性が高い、というのがこうした検索で見えてくる。

池袋チャイナタウン

ともなれば東京の一大ターミナル駅池袋周辺に中国人が求める食堂やレストランは数多くあり、中国各地の様々な料理が食べられる。中国語が飛び交う池袋西口北（元、池袋北口）を出てちょっと歩けば、中国の店だらけだというのは見て取れる。現地まで行かなくてもグーグルのストリートビューで歩くだけでもその様子は感じられる。本場中国料理屋が集まる雰囲気は、さながら省都クラスの都市の繁華街のようだ。

第1章でも書いたが、ストリートビューには過去に同じ場所を撮影したデータが見られるタイムマシン機能がある。この機能を活用すると、池袋の中華街化しているところが、この十年で一気に変化したということが体感できる。新興中華街はグーグルストリートビューのタイムマシン機能を活用し是非タイムトラベルしてほしい。

今の池袋の中華街がどれくらいすごいかというと、日中を行き来する中国人の友人が2022年に約10年ぶりに池袋を訪問した際に、「昔はこんなに中国の店はなかった。飛び交う言葉も広告も中国語ばかり！」「友達といった店では豚足どころか、カエルも食べられる！　近年中国でトレンドの中国料理が池袋でも食べられてすごいです！」と感動するほどだ。池袋は中国人もうなる本場の食が味わえる場所なのである。

さて実際に池袋西口北の出口に立ち、いざ食事をしようとしても、無数の店を目の前に、どこに入ればいいか悩むのはおかしくない。だが、どこの店も日本で生きていく以上は日本人も大事な客であり、日本人お断りの店というのはない。店に試しに入ってみて、メニューをもらっていけそうだったら食べてみる、ダメそうだったらすみませんといって店から出るのでもいい。

中国本国には会社勤めの帰りがけに食べるような店が多く、仲間内や家族で食べる客が多いが、日本ではおひとり様歓迎の店は少なくない。中国語が飛び交う中でなんとか注文して食べた料理は、何の店であれ海外旅行をしたかのようにいい思い出になるに違いない。

初めての中国料理で何を食べるか悩んだら、関東であれば、増えている中国料理の店だけのフードコートを選ぶという手はあるだろう。池袋に2019年にオープンした「友誼食府《ヨウイーシーフ》」からはじまり「食府書苑」、「沸騰小吃城《シャオチーチャン》」と3店舗ある。池袋以外では新大久保と松戸にも開店した。たくさん同胞がいる池袋ではこちらから積極的に声をかけないといけないが、同胞が少ない松戸では店員の説明が非常に親切だったと感じた。これはこの例に限らず、店舗や食堂など同胞がいない地方にいくほど店員が親切になる傾向が顕著に見られる。

何を食べるか、ということで思い浮かびそうなのが日本式中華の代名詞のひとつであろうチャーハンとラーメン、それに餃子だろうか。これらの中国本場の味を食べたいとしよう。「えー、チャーハン？」と思う中国通の読者もいよう。しかし「中国に行ったらチャーハンを食べてみたい！」というニーズはとても高いのだ。ラーメンもしかり。麺専門店というのは中国で

蘭州ラーメン

も日本でもある。例えば刀削麺（トーショーメン）や蘭州ラーメンなどを謳（うた）っている店であれば麺メニューがメインであり、ひとり客も多い。日本であれ中国であれ、ひとりかふたり連れ程度の客が多いので入りやすい。

チャーハンはというと、中国でチャーハン専門店は少なく、おひとりさま向けの食堂で主食として出す店か、様々な一品料理を出す中で脇役・箸休めとして出す店かになる。日本にあるリアル中国料理店でも同様なので、池袋や西川口などで本格チャーハンを探すのであれば、むしろ日本人を対象にした日本各地にある中国料理屋を選んだほうが確実に中国人シェフによるチャーハンが食べられる（「台湾料理」を称した店も含め）。

中国でのチャーハンのポジションは、ありあわせの食材とご飯を炒めたさくっと作れる料理だろうか。中国食材店で売られている「鶏精《ジーチン》」と呼ばれる鶏ガラスープの素と塩コショウを適量かけて少なめの油で炒めると、リアル中国風味のチャーハンが家でもできる。

餃子は中国では水餃子として食べるのが一般的で、日本のよりも皮がもちもちする。焼き餃子は水餃子の残り物を再利用するような印象があるのでイメージはあまりよくない。中国なら専門店はあるが、日本であれば中国料理屋に行くと食べられる可能性が高い。中国食材店では水餃子が冷凍食品として売られている（ラーメンやチャーハンの冷凍食品はない）が、これを買って持ち帰るのも手だ。なんといっても茹《ゆ》でて解凍するだけで本場の味が再現できるのでズボラにもうれしいし、中国の一般家庭でも冷凍餃子を茹でて食べるのはよくあることなので、中国料理を体験するにはいい食材なのだ。

デリバリーサービスで食べたいものを探す

いや、今の時代先にネットで調べてから店に行きたい、という考えもあるだろう。ところが中国のインターネット環境は、外国のサービスを使わせずに中国産の似たようなサービスを中国内で軌道に乗せよう、使わせようとしていて中国人以外には面倒くさい。グーグルやフェイスブックなどで店自体が宣伝したり、中国人が積極的に中国人と情報をやりとりすることがないので、普通に検索しているだけでは中国人に人気の店が見えないのだ。

中国最大の口コミサービス「大衆点評《ダージョンディエンピン》」には海外情報もあり、日本各地の口コミ情報もあるが、中国人ウケのいい日本料理などごちゃごちゃになっていて中国語に慣れている人でないとすすめにくい。

ややこしいネット環境下で最もおすすめなのが、在日中国人向けのフードデリバリーアプリ「ＥＡＳＩ」で料理を確認する方法だ。これならグーグルマップや食べログよりも確実に中国人向けの中国料理屋を教えてくれる。

彼らが利用しやすいようにスマートフォンを活用した中国語のネットサービスを提供している。これが中国で利用できる各種サービスにそっくりで、日本にいながらにして、純中国的なITサービスを体験できるというわけだ。EASIは良くも悪くもリアル中国だ。日本語表示もできるが各種表記が中国語の簡体字ばかりで少々頼りない。日本語表示にするとアリババのECサイト「アリエクスプレス」のように、ときどきなんだかわからない表現が出てくるがこれも異文化体験だ。UI（ユーザーインターフェイス）自体も日本の同種アプリとは異なり、リアルな中国な世界のお作法を体感できる。

EASIのアプリを起動すると、周辺の中国料理屋のデリバリー可能なメニューを表示してくれる。中国人向けのサービスなので、中国料理をジャンル別に表示してくれる。ジャンルを見ると「四川湖南料理」「北京山東東北料理」「広東上海料理」「火鍋麻辣湯」「串焼き」「中国式ハラル料理」「ビーフン・麺」「弁当」と分かれている。触ってみて食べたいものを見つけたらそれを提供している店に行けばいい。

余談だがEASIでは料理だけでなく、ドリンク、コンビニでの買い物代行まで様々なニーズに応えてくれる。これも本国のフードデリバリーから派生した習慣だ。

また、デリバリーの有料会員になると購入のたびに少し配送料が値引きになるという仕掛けも本国の商習慣同様ある。デリバリーとなれば配送先が必要となるが、別に受け渡しは家やオフィスにする必要はなく、駅前出口にしてもいい。その場合は配送員が駅前出口まで運んできてくれる。クレジットカード払いでオーダーをすると、料理を作った後にアプリ上の地図でドライバーのアイコンが急に動き出し、目的地まで運んでくれる。

ネット動画メディアの「梨視頻《リーシーピン》」は、リアル中国食堂が集まる池袋北口で、中国料理向けのデリバリーの男性を呼び止めて取材した動画を公開している。その動画によると、配達員は全員中国人で客もほぼ中国人だ。注文1回で3百円以上稼げて、日給では理論上は1万円も稼げる。取材を受けた配達員は1日6時間程度の労働で7、8千円程度、月にして20万円ほどの収入が得られるとコメントしている。それなりに稼げるのは、中国人はデリバリーに慣れているからか、店が密集していて配送料が安い地域では、多くの中国人がEASIによるデリバリーを積極的に利用しているためだそうだ。またスーパーやコンビニをはじめ未登録店での買い物代行サービスも人気とのこと。

ともかく池袋や西川口をはじめとして各地では、中国各地の料理が提供されている。中国人だらけの店の空気に呑まれたくなったら、ぜひ調べて試してほしい。こうした街で食べられる絶品の中国料理については、インターネットや書籍でまとめられているので、中国慣れしたら情報を武器に様々な未知飯に遭遇して味わおう。また知り合いに中国人がいれば連れていってもらうのも手だ。より多くの料理が食べられるメリットもある。

また日本において、他の国の異国飯にはない中国のリアル食堂の特徴のひとつが、朝食を提供している店があることだ。例えば池袋のフードコートがそうだ。朝食では本国さながらに「豆漿《ドウジャン》」と呼ばれる豆乳を飲み、「油条《ヨウティヤオ》」と呼ばれる油揚げなどを食べることができる。またそうしたところでまったり食べていると、通勤に向かう中国人が急いで朝食をテイクアウトで購入していく姿が見られる。これも日本にいながらにして中国にいるような経験だ。

朝食で最もおすすめの場所は、東京ではなく大阪にある。大阪市鶴見区にある「鶴見の朝市」と呼ばれる毎週日曜の午前中に催される店舗イベントだ。「鶴見の朝市」で検索すると出てくるが、中国食材

鶴見の朝市

スーパーの「華龍貿易」などが日曜午前中に開くもので、活気のある中国の市場を日本で体感でき、食事ができる。地下鉄駅からは遠く、バスでの移動が必要となるが、中国にいるような経験をしたければここは最もおすすめだ。

四川料理も広東料理も東北人が作る

フランス料理、トルコ料理、中国料理をして世界三大料理と呼ばれることがある。また中国の料理について中国四大料理とか八大料理といった分類が存在する。しかし本当にそうかは眉唾もので、少なくとも中国に関しては、簡単に言えば省ごとに分類できるほど食文化が違い、さらに省内でも地域によって料理が結構異なる省もある。

ただ極めてざっくり言えば、広東料理は点心をはじめとしたやさしい甘さの料理がある一方、四川料理は辛い上に山椒のしびれもある麻辣《マーラー》味が基本などといった、おおざっぱなりの地域ごとの特徴はある。

日本の中国料理屋はというと、台湾料理や四川料理や北京料理などを名乗る店もあるが、実のところほぼ全てそんなことはなく、多くは東北三省（遼寧《りょうねい》省・吉林《きつりん》省・黒竜江《こくりゅうこう》省）の人々が開いた店だ。

少々古いが中国の出身別在日中国人の人数がわかるデータの「登録外国人統計」の2011年版によると、遼寧省が最も多く約10万5千人、続いて黒竜江省が約7万8千人と続く。以下福建省が約6万4千人、山東省約5万9千人、吉林省と上海市が5万7千人弱、江蘇省が約4万1千人と続く。台湾人はそれより少ない4万人余りだ。日本の中国料理の製品名にもつけられる広東省は1万人余り、四川省は8千人余りだ。香港はさらに少ない4千人弱、蘭州ラーメンのある甘粛《かんしゅく》省出身者や僕がいた雲南省出身者は千人余りしかいない。

なぜ東北人が多いかというと、日本語が学びやすい土地なのが一因だという。

そんなわけで台湾料理や広東料理や四川料理と名のついた店の多くは、東北人がそう名付けて店を開き、それっぽい料理を作っているのが実態であろう。蘭州ラーメンにしても、その看板を名乗っている店は少なくないが、本当の蘭州ラーメンとなると実に少ないわけで、本物を出している店には中国ファンがよく訪問する。

また、僕が中国で拠点としていた雲南省の食事が懐かしくなって、雲南名物の「過橋米線《グオチャオミーシエン》」

遼寧	105127
黒竜江	77753
福建	64028
山東	59353
吉林	56909
上海市	56843
江蘇	41066
台湾	40608
北京市	23506
河南	13927

（単位：人）

表4　在日中国人の出身別人口（上位10位、2011年現在）

と呼ばれるメニューを出している店を見つけても、ほぼ全てが東北人が出している店で、中国商店で売られているインスタント過橋米線を見ても東北で作られたものであり、味もホンモノのそれと全く別物だ。

ただ違う土地出身ながら本家に非常に似せたものもある。例えば東京では日暮里《にっぽり》などに展開する「過橋米線」という名前のチェーン店や、四谷三丁目の「日興苑　食彩雲南」という店では、オーナーこそ他地域の出身だが、現地に長く滞在した僕でも感動するような再現度の高い雲南料理が味わえる。ある日雲南人が作った過橋米線を食べる機会があった。それは「再現度が高い」のではなく完全再現で、味覚の記憶がフラッシュバックする味だった。出身地の料理を作ってもらうのが一番だ。

本書は最高のグルメを求めるわけではなく、外国に触れることができる店がテーマで、東北出身の店がダメというわけではない。食堂も商店も中国人が開くだけあり、居抜きでなければ、本国の商店や食堂の雰囲気にほど近い店が多い。東北人が開いているものが大半だが、店の机の配置や内装は中国各地でそう変わることがなく、西南に住んでいた僕でもそれは違和感はない。

ニセ台湾料理だろうとニセ四川料理だろうと中国の東北人が作るということは、東北人テイストの味であり、日本人が作ったものとは一味違う。辛すぎないので日本人に抵抗のない味ながら、異国を感じる味だ。

何を食べても東北風の味付けではあるが、ざっくりとした判断材料としてご飯モノや麺モノでない炒めたおかずであれば本格料理の可能性が高い（中国でもご飯モノはないことはなく、平たい皿に盛られ具が乗っている料理は目にするが、丼ぶりものの場合はまず日本人向けのアレンジメニューだ）。特にジャガイモ、ピーマン、茄子を炒めた「地三鮮《ディーサンシュン》」は中国料理を知る日本人に好まれている定番メニューだろう。また北朝鮮に近いことから冷麺を使った「烤冷麺《カオランミィエン》」というのもまた面白い料理なのでメニューにあれば食べてほしい。

もっとも僕自身は中国でも東北の真反対の西南に暮らしていたので、現地では東北料理とはまるで縁がなかった。なにせ日本で初めて東北料理を食べたくらいである。なので僕にとっても中国東北料理は未知飯だった。先ほど述べたように中国は地域によって多種多様な料理があるので、中国に行ったことがある人でも、日本で未知の中国体験を楽しむことができるのではないだろうか。

本物ニセモノが入り混じるチェーン店で食べる

異国飯の中でも中国については その特徴として、中国のチェーン店が日本に進出していることが挙げられる。日本に進出し、日本在住の中国人がほっとする本国同様のサービスや雰囲気を提供しているのだ。

有名どころでは中国の鍋モノ「火鍋《ホウゴウ》」の「海底撈《ハイディーラオ》」が有名だ。火鍋は1～数種類の火鍋スープを指定し、そこに肉や野菜や練り物など好きな具材を入れて箸でつつく鍋ものだ。タレについては別にタレを作るための各種調味料が用意されている。

海底撈はサービスの良さが特徴で、それまでサービス態度が良くないのが常識だった中国の飲食業界に新風を吹かせた。タブレットで細かくオーダーできるほか、麺を目の前で打ってくれたり、待ち時間にネイルサービスがあったり、様々なロボットを導入したりと、新鮮な体験ができる。これらのサービスは今となっては中国では珍しくないものの、日本においては食べるだけでなく五感で今の中国を体感できる店だ。

火鍋チェーンは海底撈のほかに「小肥羊《シャオフェイヤン》」も有名だ。さらに日本でチェーンに属さない火鍋屋もある。火鍋を食べてみたいというのならば、そうした店に行くのもアリだ。変わり種では回転火鍋店というのがあり、東京では大久保や新小岩の駅前にある。鍋のスープを注文したうえで、鍋の具材が回転寿司のように回ってくるので取りたいだけ取って食べるという初見ではワクワクするシステムだ。

鍋では「麻辣烫《マーラータン》」というおひとり様向けの食べ物がある。これは四川省が元の鍋を東北人がアレンジして広めた食べ物なのだが、麻辣烫の最大の特徴はメニューがないという点だ。初見ではなかなかハードルが高くて未知異国飯感が満点でわくわく（ドキドキ？）するだろう。

店に入ると肉や練り物や野菜が入った大きな業務用冷蔵庫が鎮座しており、すぐ近くに丼ぶりサイズのボウルがある。メニューから選ぶ代わりに、このボウルを取って自分が食べる分だけ具を入れる。具を入れて店員に渡すと、店員は重さを測る。スープは辛いのか辛くないのかどっちがいいと聞かれるので伝えると、しばらくしてスープ入りの鍋を店員が持ってきてくれる。値段は重さに比例する、こんなシステムだ。

ちなみに東京とその周辺では「周黒鴨大夫人《ジョウヘイヤーダーフレン》」という麻辣烫チェーン店があるが、これは中国で展開し、日本でも数店展開する「周黒鴨」のニセブランドだ。ニセブランドとはいえ日本で飲食店を開いている以上、品質が特別悪いわけではないが、ニセブランドの店舗拡大が日本でも進むあたりが中国パワーだ。元ネタの周黒鴨自体は麻辣烫ではなく、塩水と調味料で煮た様々な部位の鴨肉をおつまみ感覚で販売している店だ。

またおひとり様向けのチェーン店では「沙県小吃《シャーシェンシャオチー》」という店がある。日本でいうと牛丼屋的なポジションの大衆食堂チェーンで、麺や小籠包に加え、店によってはチャーハンなどが食べられる。中国ではがらんとした店内で清貧夫婦が無愛想にやりくりする店であり、また労働者がランチや帰宅途中で食べる食堂のような店でもあり、目立たない労働者の人間ドラマが詰まったような空気感が特徴だ。

日本にも進出しているが、上述のフードコートや高田馬場などでやりくりしている沙県小吃はあまりに店が狭く繁盛し、店員もあくせくしていてそれでは沙県小吃さがない。残っていればおすすめしたいのが、秋葉原と小岩の間にある総武線の地味な駅「平井」にある胡建小吃（元・沙県小吃）だ。ここの胡建小吃は場末感が中国本国の沙県小吃と同じなので、味覚だけでな

平井の胡建小吃

く五感で中国の日常を体感するという意味では平井の胡建小吃も強くおすすめする。チェーン店は中国人の多い地域に展開する。グーグルマップでチェーン店の名前で検索して出てきた場所は、リアル中国ショップが集中するエリアである可能性が高い。

中国に乗っ取られたシアヌークビルから考える池袋の未来

ところで池袋や西川口は近年チャイナタウン化したが、こうした現象は日本だけにとどまらない。特にカンボジアのシアヌークビルは、「中国に乗っ取られた」と言われるほどチャイナタウン化の度合いがすごい。

カンボジアの海沿いの街「シアヌークビル」は、昔は西洋人バックパッカー(ヒッピー)にひそかに人気のビーチリゾートだったが、今はすっかり中国化したと報じられている。空港では、早速中国人の男性による会話や痰吐きの音が左右から聞こえる。日本円が両替しづらい代わりに従来から米ドルが普通に使えて、加えて人民元も流通している。

現地メディアの「クメール・タイムズ」などによれば、これまでもすでにカンボジア全土で1000人以上の中国人が逮捕されたとか。カンボジアの中国人絡みのニュースでも、シアヌークビル関連の件数は突出している。詐欺を行っていた数百人を母国中国に強制送還だとか、同胞の中国人を複数拉致監禁していた中国人を逮捕だとか、中国人同士がストリートファイトをしたとか、中国資本による建設中のビルが崩壊したとか、出稼ぎにいったつもりが血を抜かれたとか、ニュースの数は食傷気味になるほどある。それはまるで『バットマン』の舞台ゴッサムシティのような街の話に聞こえる。

一方で、外務省の海外安全情報（当時）によれば、「全土で危険レベル1　十分注意してください」となっていて、シアヌークビルだけ特別悪い中国人が暗躍しているので渡航をお控えください、とは言っていない。見渡す限り、悪そうな中国人ではなく、中国の地方都市で見るようなゆるい中国人ばかりだ。

カジノがある中心部と、それとは別の通称「中国城」に特に濃いチャイナタウンができている。中国城は中国式団地までも複数建てられ、中国の街を完全再現しようと目下計画が進んでいる。中国城にカンボジア要素は皆無で、むしろ中国の地方都市そのものと化している。「中華街」なんて表現が甘っちょろく見えるほどに、どうみても中国の片田舎の街そのままだ。ときおりカンボジア人と話すときだけは、ああ外国なんだなと我に返る。

店の名前を見てみると、中国本国でお馴染みのチェーン店がある。「海底撈火鍋」が住宅地にしれっとあるほか、街歩きをしていると有名なスーパーの名前を冠した個人商店や、街の家電屋程度にコンパクトになった中国にある家電量販店が次々に見つかる。念のため見つけた店の中国サイトを確認しても当該店はリストになく、これらは全部ニセブランドの店舗だ。日本で例えるならば、「東横イン」「サイゼリヤ」「丸亀製麺」「ヨドバシカメラ」「イオンモール」といった全国展開のチェーンから、「日高屋」や「スーパー玉出」や「セイコーマート」や「牧のうどん」といった地域限定のブランドまで勝手に名乗る店舗があると思ってもらえればいい。

カンボジアのシアヌークビルは、池袋や小岩や中国のどの都市よりも様々な（ニセ）チェーンが集中していた。シアヌークビルを見るに、日本でもさらにチャイナタウン化が進めば、一発当てようとばかりにニセブランドの店が出てくるかもしれない。

シアヌークビルもまた中国人経営の店舗の中は、やはり棚の並べ方からレジの仕組みまで本国そのもの。日本のリアル中華街よりも、さらに本場感がある。おまけにキャッシュレスのアリペイやウィーチャットペイが利用可能だ。

シアヌークビルに中国人が集まる理由としては、中国による建設ラッシュで中国人の肉体労働者が働いていること、カジノ産業が活発で、日本のパチンコ屋のような中国人向けカジノが多数あること、中国本土向けの違法カジノアプリを開発し運営したり、ネットのハニートラップを行いキャッシュレスで大金を稼いだりするための拠点があることなどが挙げられる。話を聞くと、もともと同じような産業があった広東省東莞《とうかん》からシアヌークビルに移転したとのこと。

もっとも街中にいてわかるほどダメそうな中国人が集まっているシアヌークビルだが、明らかに善良ともいえる中国人もよく見た。それが（ニセブランドであれ）商店や食堂や宿を開いた中国人だ。彼らはシアヌークビルに進出した知人友人やネットの口コミをみて、これはビジネスのチャンスとばかりに、シアヌークビルに移動して店を構える。中国語で話すと実に本国同様にフレンドリーにいろいろ喋ってくれる。中国人はすぐ転職すると言われるが、遠く離れた異国の街でもさっと引っ越して店を構える。

シアヌークビルは本国中国同様にＱＲコードが描かれた広告が電柱や工事現場に多数貼られている。中国の国民的ＳＮＳアプリの「微信（ウィーチャット）」からスキャンすると、シアヌークビルの中国系食堂から食事をデリバリーしてくれるサービスが立ち上がる。これらも中国で有名なデリバリーアプリではなく、ＥＡＳＩ同様に中国で人気のアプリのひな形からシアヌークビル用にアレンジした現地限定のアプリだ。なにせカンボジアドリームを目指して、中国各地から多数の料理人がシアヌークビルや首都プノンペンにやってきて店を開いている。EASI同様に東西南北各地のバラエティに富んだ中国料理屋の中から、好きなメニューを選んで注文できるわけだ。

そうした勢いもあってシアヌークビルに2年間で一気にリアルとネットを融合したパラレルチャイナが出来上がった。そして現地の食でいえば、広東省の産業が流れついたこともあり、東北料理中心の日本とは異なり、広東料理などの南方の料理がメインとなっていて、デリバリーもできるようになった。

シアヌークビルは中国に乗っ取られたといわれる。では日本のチャイナタウンはどうだろう。

かくいう僕自身は池袋出身だ。物心ついた保育園から社会人2年生くらいまで池袋徒歩圏に住んでいたから、池袋が僕にとってのふるさとであり、池袋に行くとまず懐かしさを感じる。

出張や旅行などで中国に縁がある日本人は、チャイナタウン化した池袋を楽しんでいる。しかし僕自身池袋に育っていたので、正直、中国らしさがあっていいという気分と、被征服者のような気分との両方がぶつかり合う。例えば池袋に近い小中学校の同窓会があってもリアル中国料理屋で食べようとはならないし前向きな話も聞かない。フェイスブックで同窓が池袋に行って中国料理を食べたよ、おいしかった、という書き込みもあるわけでもない。池袋のチャイナタウン化に対しては、地元の人間として複雑な感情があるというのが本音だ。

朝日新聞によれば、「池袋西口商店街連合会の三宅満会長は『仲良くやりたいと思うが、唐突なやり方だ。地元の町会や商店街活動に入って汗を流してからではないか』と注文をつける。『治安が悪くならないか』などと不安を口にする人もいる。（２００９・５・８）」という。

池袋の中華街などについて調査し、「池袋チャイナタウン」という名称を２００３年に提唱したチャイナタウンを研究する山下清海《やましたきよみ》氏は「ニューチャイナタウンの形成とホスト社会　池袋チャイナタウンの事例を中心に」（明石書店、２０１６年）で、「新華僑のビジネスの特色は、同胞である新華僑を対象にしたものがほとんどである。日本三大中華街が主として日本人観光客相手に成り立っているのに対して、池袋チャイナタウンの店舗の顧客は、中国料理店を除いて、もっぱら新華僑同胞である」と紹介している。

旧池袋北口エリアを中心に、いきなりテナントに中国の店が入り街の雰囲気が様変わりし、中国人のビジネスペースで突然提携を持ちかけられる。これが日中ビジネスだったら中国企業が反応の遅い日本企業に愛想をつかすが、日本に根付こうとするなら日本のほうが強い立場にある。ところがペースやり方が違うので嚙み合わず、そんな中で店が加速度的に増えていき、住民サイドで不安が増していくというのが実情だろう。

池袋チャイナタウンの生い立ちについても紹介しよう。山下清海氏は池袋中華街の成り立ちについて次のように分析している。

まず池袋に中国人が集まった理由だが、1980年代に中国から海外への留学が自由化され、日本も「留学生受入れ10万人」を開始した結果、門戸が開放されて、主に上海や福建省から就学ビザで来日した中国人が日本語学校に通うようになった。池袋周辺に日本語学校が多数あること、飲食店が多くアルバイト先に恵まれていること、駅徒歩圏内に格安の古いアパートがたくさんあることから、彼らは池袋に集住し始めた。

一方で池袋西口北に集中する中国関連の店だが、まずは91年に、元々は隣駅の椎名町で中国語のレンタルビデオサービスを行っていた中華食材店の「知音（現友誼商店のビル）」が池袋西口北に店舗を構える。これが池袋チャイナタウンに重要な役割を果たし、池袋に新華僑の社会が形作られていった。その後02年には知音に加えて中国食品店の陽光城が開業して池袋チャイナタウン形成が加速され、飲食店が増えていく。

08年1月には中国サイドがこの一帯について「東京チャイナタウン」構想を打ち出して、それに対して地元商店街が「寝耳に水」だと不快を露わにし、中国商店VS地元商店街という構図でメディアに紹介された。

が、山下氏によれば「東京チャイナタウン」は日本人への挑戦ではなく、華僑同士の横のつながりをつくるためのもので、新華僑向けの中国語新聞で発表されたものだった。それを『夕刊フジ』が「池袋中国の乱　地元商店会VS中国系飲食店」と報道したところ、それ以前からの反日デモや食品安全問題、大気汚染問題、北京五輪聖火リレーでの妨害行為などで冷え込んだ日中両国民の関係が災いし、このネガティブな印象操作が池袋の中華街にも影響を及ぼしたというのが「東京チャイナタウン」騒ぎの実情だ。

在日中国人の社団法人「日本中華総商会」によれば、2006年から2019年の13年間に、在日中国人が増え、外国人全体の中では留学生の割合が減り、経営者や永住者が増えた。だんだんと日本社会に溶け込む中国人が増えていく中で、時間とともに池袋チャイナタウンは横浜や神戸の中華街のようなものに化けるかもしれない。

column 1

日本の中国ショップのおすすめグッズ

中国の食材店は他国の食材店と比べても充実していて、売っている商品数も多い。その中でまずおすすめできるのが、冷凍餃子と冷凍の「湯圓《タンユエン》」だ。店に入って何を買っていいか悩んだとき、冷凍食品が持ち帰れるならばそれらから買ってみよう。お湯に入れてしばらく沸かして待てば完成なので、冷凍庫に常備しておくべきアイテムだ。

売られている冷凍餃子は高いモノから安いモノまでバリエーションがあるほどに定番の料理であるが、人が集まれば冷凍食品ではなく餃子は皮から作りがち。僕も作らされたことがあるが、経験がモノをいうもので、えらく不格好な餃子ばかりができてしまった。中国人は実に手早く上手に手作り餃

本場の餃子

子を作る。

中国の街を歩けば餃子専門店があり、スタッフのひとりが機械のように手で皮を作り肉の餡を入れ、それを大きな湯の入った釜にどばどばと入れていく。中国の餃子屋では、ごはんは出てこず餃子だけで食べるのが一般的で、1皿10個単位でオーダーする。ひとつひとつはそれほど大きくなく、例えば4皿40個を注文しただただ無性に餃子を食べる。

一方湯圓は甘く優しい食べ物だ。グーグルのようなサイト「百度《バイドゥ》」で「湯圓」をキーワードに検索すると「中国伝統小吃的代表之一」とあるくらい、中国のザ・庶民飯でもある。水餃子は朝や昼に食べがちだが、湯圓は朝に食べる。つまり家庭の定番朝食メニューであり、また中国でも朝食専門店で湯圓を提供していることが多い。たまに食堂で軽食メニューで用意されているのを見たことがある。いずれにしろごくごく中国で庶民的な食べ物だ。

パッケージをよく見ると、寧波《ニンボー》湯圓と書かれているものが多い。なんでも宋の時代に上海から近い浙江《せっこう》省寧波で湯圓はできたものだからとか。湯圓の中身は白砂糖と黒ごまを混ぜたものがあんとして入っていて甘く、アツアツのお湯からつまみ上げて口に入れると、ゴマペーストやピーナッツペーストなどを混ぜた、くどすぎない甘い味が口中に広がる。あんこ系の甘さが好きな子供も食べさせるとハマりそうだ。

中国で米の次に食べた主食は麺だ。南は米食、北は麦の麺食と言われ、例えば西安にいった際には当時観光地の料理店では麺だらけで、米を食べたくても行く先々で米が食べられなくて外食で困った経験がある。

一方で暮らすとなるとどの店にも米や麺は売っているので困ることはなく、雲南省在住時にはスーパーはもちろん近所の個人商店までパスタのような感じの束で、「鶏蛋麺《ジーダンメン》(たまご麺)」と呼ばれる麺が売られていた。スーパーだと何種類も並んでいて、太い麺、細い麺、幅広麺などがメーカーごとにあり、1kgで100円もしない値段で売られていた。日本に数ある中国商店でも必ずといっていいほど麺は扱っていて、パスタに負けないコスパが魅力的。より異国飯らしい麺を買いたい場合は見た目もワイルドで歯ごたえも違う刀削麺が売られているので買ってみよう。

麺を準備したら次はスープだ。簡単なものではスープはお湯を入れた鍋に鶏精と呼ばれる鶏ガラスープの素を入れ、そこに茹でた麺を入れればできるので、料理下手でも難しくはない。鶏ガラスープというくらいだから、ちゃんとした作り方は鶏肉の塊を買って、湯の入った鍋に入れてコトコト煮る。長く煮ていると自然の鶏ガラスープができるので、それをすくって油の張ったアツアツのスープに麺を入れて食べるというもの。雲南で僕がよく見たのは鶏肉と一緒にドクダミとクコの実を入れてコトコト煮るというものだ。

即席にしろ手の込んだものにしろ、スープには海苔や刻んだねぎも一緒に茹でて、薄いチャーシューを入れる、それだけでも見栄えも味もよくなる。鶏精はチャーハンにも塩コショウの代わりにも活躍する。

ちなみに日本の中国商店では鶏蛋麺のほかにもインスタント麺も売られているが、海鮮味以外は辛いし全般的に味が濃い。ベトナムのインスタントフォーのほうが薄味で食べやすい。

日本の中国食材店では「老干媽《ラオガンマ》」という辛い食べるラー油の瓶詰めが売られている。日本の中国商店にはこれでもかと並んでいて、雲南で暮らしていたときも僕はともかく知り合いの雲南人は積極的に買っていた。外食の際にも、老干媽のようなラー油を辛い味付けにしなければいけないとばかりに、炒め物に少し混ぜるなり、できたスープ麺にのっけるなりする店はしばしば見かけた。

中国人は素材主義というのか、老干媽での手抜きは嫌がられることもあるが、一方楽で中国らしい味が作れるのも事実。中国に居始めた当初は辛い料理が苦手だった僕も、老干媽は冷蔵庫に常備するようになった。暮らしていたときを思い出すように、たまにご飯にのっけたり、鶏精と一緒に炒めた料理に混ぜたり、できあがった麺にちょっとのせたりして、辛さと懐かしさを味わっている。

火鍋も中国人が好きな料理だ。中国在住時も日本でも中国人が集まる時はよく火鍋をつつく。家で火鍋が楽しめる火鍋の素も中国商店で売られていて、日本の中国食材店でも人気の火鍋チェーンの「小肥羊」や「海底撈火鍋」ブランドの火鍋の素がある。火鍋というとその名前からして辛そうだが、火鍋の素の出来上がりイメージのスープの色が赤や黒でなければまず辛くはない。子供でも食べられる辛さだ。ついでに赤い火鍋の素ではトマト火鍋の素があるがこれも辛くはない。

火鍋のスープは用意した。では具は何を入れるのか、というと鍋に向いたものならなんでもいい。中国の検索サイト「百度」より、火鍋の禁止事項を調べてみたが、長く食べすぎない、熱すぎるものや辛すぎるものをたくさん食べないといったことだけだ。というわけで、肉、魚、野菜に加え、日本だと練り物を入れてもいい。むしろ練り物を入れるとうまいのでぜひ入れてほしい。

火鍋の素のパッケージには、粉末のソースの他、クコの実など漢方系素材が入っている。大きな鍋から雪平鍋程度の小さな容器で鍋をする場合までまずは漢方系の具材をお湯に入れ、そこに粉末を入れる。何せ粉末の量が多いので、味が濃くなりすぎない程度で粉の投入をやめて具材を入れる。袋は保存しておいて、様々なスープの粉があるなかで漢方のうまみのある火鍋味が食べたいという気持ちが高ぶったときに使えばいいのだ。

ほかにも中国商店では、「王老吉《ワンラオジー》」をはじめとした涼茶飲料やジュース系などのペットボトル飲料や缶飲料やお菓子、それにアルコール度数の強い白酒など、多種多様な商品が売られている。ジュースは一本百円前後で買えて、ジュースもまたモノによっては日本と違う異国の味がするので、店に入って「何か買わないと」と思ったらジュースを買っていくだけでもいいだろう。

一度は飲んでみたい王老吉

第3章

神奈川でタイやラオスの家庭料理に溺れる

タイ料理は身近にある。例えば大きめの駅の近くやビジネスビル地下の飲食街、ショッピングセンターのレストランコーナーなどにありがちなのがタイ料理店だ。これぞエスニックという味で、厨房を通路から覗いてみると、おそらくタイ人が作っている。食べた後にはああ、いい気分転換になったな、と思うことだろう。僕も思う。

本場のタイ料理店に行きたいなら、タイ政府商務省が本場のタイ料理だと認める「タイ・セレクト」認定証付の店にいくことをすすめる。タイ・セレクトで検索すれば出てくるだろう。タイ政府版のミシュランガイドのようなこれは、日本全国のタイ料理店の中から名店を3つ星から5つ星で認定するものだが、僕が絶賛する第1章で紹介した庶民的な小岩のタイ料理店はランク外だ。絵にかいたようなキラキラした雰囲気の中でタイ料理を味わうならば、タイ・セレクトを活用してほしい。

庶民的なタイ料理を食べるとしても、せっかく異文化を体感するなら、ご飯モノの「ガパオライス」やタイ風焼きそばの「パタイ」、激辛スープ「トムヤムクン」を食べて終わりではなく、もう一歩進みたいと考えた。つまり日本在住のタイ人ばかりが集まるタイ料理屋にいき、タイ語が飛び交う中でタイ料理を食べたい。

ところが日本に住むタイ人は約5万3千人とそれほど多くない。タイ料理屋が割と身近な存在で、街によってはタイマッサージ屋もあり、タイのバンコクの中心では日本の外食やキャラクターが溢れているにもかかわらずだ。同じ東南アジアを見ると、日本在住のベトナム人は約45万人、フィリピン人は約28万人、インドネシア人は約6万6千人で、日本各地のインド料理屋でカレーとナンを出す南アジアのネパール人が約9万6千人弱であり、これらの国籍の在住者数と比べると少ない。

地元にぱっと出た外国の食料品店を思い出してみよう。ベトナムや中国、インドと名乗ったネパールなどの食材店はあっても、タイ専門食材店というのは、見たことがある読者は少ないはずだ。

約5万3千人いるタイ人だが、都道府県別では1位が東京都で約8千人、2位が千葉県で約6千人、3位が茨城県で約5千人。市町村別では東京都特別区、横浜市、大阪市の順となる。つまりそれ以外の場所でもタイ人は住んでいるが、住んでいる場所でいえば関東と大阪とその周辺に偏っている傾向がある。タイ人が集住している場所でないと、在住タイ人向けの食堂や食材販売は成り立たないわけで、こ

東京都	7879
千葉県	6068
茨城県	4984
神奈川県	4283
埼玉県	3534
愛知県	3405
大阪府	2656
長野県	2337
栃木県	1842
三重県	1732

（単位：人）

表5　都道府県別の在住タイ人数（上位10位、令和2年末現在）

れらの店がある場所は限られている。

　そこで日本でタイ人が買い物や食事をする場所をある程度絞り込むべく、タイの食料品店をグーグルマップで「タイ　ショップ　日本」などといったワードで検索してみよう。なにせ人の数も店の数も少ないのでこれだけでも相当絞り込める。店の場所を見つけたら、「タイ料理　(自治体名)」「タイマッサージ　(自治体名)」で検索し、たくさん出ればそこがタイ人街だ。

　もったいつけてしまったが、日本のタイ人街は例えば第1章の東京・小岩のほか、横浜市中区若葉町、茨城県坂東市《ばんどうし》にある。タイ人街というほど密集はしていないが千葉県成田市と富里市、それに茨城県筑西市《ちくせいし》や坂東市はタイ人によるタイ人向けの店が多い。中でも横浜の若葉町は、最寄り駅が京浜急行の横浜駅からほど近い日ノ出町駅や黄金町《こがねちょう》駅とアクセスが便利で、またリアル中国料理店や韓国料理店などが多数ある歩行者天国「イセザキ・モール」もあり、異国飯でぶらつくのに楽しくておすすめだ。また横浜市中央図書館が日ノ出町駅から歩ける距離であり、中国系の蔵書や中華街の成り立ち系の書籍が充実しているので、休憩がてら読みに行って知識を仕入れるのも楽しい。

　若葉町に行くと、タイ料理屋とタイマッサージ屋が充実していて、タイ食材屋も何軒もあり、歩いているだけでわくわくする。しかし食事を取るにしても何軒も巡るのは難しい。そこでまず、いかにも老舗感のあるマッサージ屋「タイバンコック」に入って利用がてらヒアリングをすることにした。

ここを選んだのは、入っているビルが上から下までタイ関係のテナントで事情に詳しそうなのと、グーグル検索で10年以上前の検索結果を調べたところ、「横浜　タイマッサージ」の店で出てきたからという理由がある。お昼前に若葉町に到着。ちょっとマッサージを受けて話を聞いてから、その足でご飯を食べようと、そんな算段でドアを開ける。

中に入ると、まだ稼働してなかったのか薄暗く誰もいなかった。日本人的発音で「サワディカップ!」と声をかけると、奥から年季の入った女性が2人、眠そうにしながらやってきて「まさーじどうぞー」と明かりをつける。マッサージ用ベッドは並んでいて、内装はアジア各国にありがちなシンプルかつ私物があれやこれやあるプライベート感が入った空間だ。

店の人に言われるままに中年女性にマッサージをされ、ときにプロレスの関節技を受けている状態になりながらも、「今日はタイを体感したくてここに来ました。マッサージを受けて、タイ人に人気の店で食べたいんです」と伝える。体がすっきりしたところで、何十年もやっている高齢の女性ユンドーンさんに「私についてきなさい。今日は祭りの日なんです。いろいろ食べられますよ」と言われ、勢い一緒に祭りに行くことになった。

運がよかったのか、ここから立て続けにタイとラオスの家庭料理を食べることになる。

横浜の隠れたタイ寺院「ワットタイヨコハマ」

横浜の若葉町はタイの店だらけだ。グーグルストリートビューで見てもわかるが、歩くとそれをより実感する。ユンドーンさんの後をついていくこと数分、タイレストランやタイマッサージ屋やタイ食材店を抜けて、ある建物の2階に連れていかれた。ここが実はタイの寺「ワットタイヨコハマ」である。

固有名詞というよりは漠然と「横浜のタイ寺」くらいの意味だと説明されたが、タイの上座部仏教寺らしく、元は普通の住宅ながら、なかなかどうして立派な仏像が飾られて鎮座していた。

この建物をストリートビューで見ると、この建物は以前2度、違う名前のタイマッサージ屋になっていた。タイマッサージ屋の跡地に信仰の場ができたというわけだ。もっともこの地域のストリートビューを見ると、数年前には別の店が入っていたというタイレストランも確認できるし、横浜に限らず小岩にも同じテナントで次々と店名が変わるタイレストランがある。

ワットタイヨコハマは、小さなビルの2階と3階部分が寺となっている。この日は祭りで大勢が集まるので建物入口には大量の脱いだ靴が置かれていて、そこにパーティーのように多数のタイ人が集まりタイ語で喋っていた（1階もタイ人が利用しているので賑やかでも大丈夫だ）。本国と同様のオレンジ色の袈裟《けさ》を着た僧侶に会いに、多くのタイ人が集まり談笑している。ここは元はどうやら住宅の一室ではあるが、五感すべてが完全にタイだと認識していた。これだ、僕が望んだのは。

突然五感がタイに変わった感覚に僕は硬直してしまったが、とりあえずは周りのタイ人に「日本語話せますか?」「タイに興味があってきました。案内してもらいまして」と説明する。幸いここの共通語はタイ語でもあり日本語でもある。

連れてこられたタイ人二世（日本人とタイ人の間に生まれた）

ワットタイヨコハマの僧侶

の子供たちはスマートフォンをもって日本語で会話をしている。その場にいるタイ人女性が気づき、「日本人なんですか！　よかったらご飯食べてください。もうだいぶなくなってしまいましたがどうぞ！」とタイ人によるタイ人にとっての故郷のご飯をふるまわれた。行ったのは12時過ぎだったが、既に多くの人が食べ終わっていたので、参加するなら早く行ったほうがよかったとちょっと後悔した。

出てきたのはタイ風チャーハン「カオ・パッド」と、豚の血（を固めたもの）入りスープ麺「クイティオ・ナムトック・ムー」。ありがたくいただいたがタダでは申し訳ない。そこで「タンブン」と呼ばれるお金を寄付することにする。金のなる木のように札をつけたり、あるいは専用の器に札を入れたりして徳を積んだ。木には既に多数の千円札や万札がぶら下がっていて、早くも撤収ムードの一部の主催者が金のなる木から札をとって分厚い札束にして数を数えていた。万札が多く入っていたので相当な額になるはずだ。

タイ人コミュニティの中でのイベントは口コミのようだ。後日ワットタイヨコハマでのイベントを、フェイスブックなどのSNSも含めネットで探してみたが、イベント情報はまるで出てこなかった。なので口コミで聞かないとイベントを知るのはなかなか難しい。

偶然だったが、横浜のタイ人街に行って本物のタイ料理を食べよう、ならばタイマッサージ屋でヒアリングしよう、そのプロセスによって結果としてワットタイヨコハマにたどり着けたのだ。

そんなワットタイヨコハマで、参加するタイ人女性から日本語で話を聞いた。

「いつもいろんなところでタイ人が集まるイベントがあるのですよ。今度は千葉の成田とか、あと来週は神奈川の愛川《あいかわ》ですね。よかったら来てくださいね！」

そうして次の目的地が決まった。愛川に行かねば。タイ人女性にスマートフォンで地図を見せながら場所を確認する。「ワットラカン」という立派な寺だそうだ。

神奈川屈指の多国籍の街「愛川」

翌週、再びタイのお祭りに参加すべく、愛川町のタイ寺ワットラカンに行くことにした。小田急線の本厚木《ほんあつぎ》から神奈川中央交通、通称神奈中のバスに揺られて向かうワットラカンという寺は、タイでは金色の鐘の寺があることで知られるバンコクでも有名な名刹で、その日本支部である由緒正しき寺である。日本的建築ながら、タイの寺らしさが随所に見られる寺である。ここが祭りの舞台だ。

ワットタイヨコハマでの集まりは街中ということもあり割と静かだった。一方ワットラカンの祭りは周囲に田んぼしかないこともあり、とても（バカ騒ぎせず）にぎやかだった。

この日は関東周辺のタイ人がやってきていたため活気に満ちていた。会場である寺の中では僧侶が参加者に説法をし、会場の敷地では、テーブルを並べて各人が持ち込んだ手作り料理の材料やペットボトルやもち米「カオニャオ」を並べている。タイ人向けなので、手書きのタイ文字が書かれた紙がそれぞれの場所に貼られている。

日本のタイ料理の定食を提供する店では見たことのないような、タイ人のための家庭料理が敷地いっぱいに並べられている。読めないがそれが外国らしくてたまらない。異国の未知飯好きとしてはなんという至福の光景だろう……！

周りはどこにでもある田んぼが広がる日本の農地の風景なのに、ここだけは見るもの聞くもの味わうものすべてがタイに変わった。この非日常の体験を前に「一体海外旅行と何が違うの

ワットラカンの集会

か」と興奮したが、違いはほぼ全員日本語が通じるという点である。近くのタイ人にどう注文するの？　と聞くと、「大丈夫大丈夫、お皿とってここにあるもの好きなだけ食べて！」という。やはりここも無料で食べ放題だ。

とはいえ申し訳ないので寄付を金のなる木につける。金の木や専用の器には例によって千円札や万札が多数ぶら下がっている。その器を抱えて僧侶が歩き、タイ人が肩からスピーカーをぶら下げて伝統的な音楽を鳴らしながら金のなる木を抱え踊っている。ワットタイヨコハマ同様ものすごい金額が集まっている。日本でもタイ人の中ではタンブン（喜捨）でお金は回っている。

ところで、神奈川県愛川町と聞いてその場所が思い浮かぶ人は地元民か地理・地図好きではないだろうか。神奈川が実家の、電車好きで地理がそこそこわかる友人をして「愛川は神奈川で一番マイナーな自治体じゃないですかね。神奈川県民でも知ってる人は少ないですよ」と言わしめる場所である。

愛川町は厚木や海老名《えびな》の北、相模原《さがみはら》の西に位置し、本厚木駅や海老名駅から神奈川中央交通、通称神奈中のバスに30分ほど揺られて行く場所だ。東京への通勤で住むには相当厳しそうな自治体である。

そんな、バス便しかなく一見不便な愛川町は、神奈川県きっての多国籍な自治体だ。まずタイ人がそれなりにいる。タイの隣国のラオス人やカンボジア人も多い。関東近辺のタイ人がここに集結してイベントをやるのはタイ寺院があるからだが、ラオスの寺やカンボジアの寺、さらにはベトナムの寺まで愛川町に点在している。

加えて南米の出身者も多く、愛川町のイートインもあるブラジル商店「サボールラティーノ」にはキリスト教会もあり、夜にはミサが行われる。日本で南米出身者が多い自治体は限られているが、だいたいブラジルが多数派でペルーが少数派だ。

ところが愛川はペルーが多数派でブラジルがそれに続くという日本でも珍しい自治体である。さらには同じスペイン語圏だと中米のドミニカ共和国出身者も一定数いる。さらに少数派だがアフリカ系住民とおぼしき人々による解体工場も見られる。非常に多国籍な自治体なのだ。

それだけに愛川町では外国料理は豊富だ。日本で広く見られる台湾を名乗った中国東北料理やベトナム料理に加え、タイ料理、スリランカ料理、ペルー料理、ブラジル料理の店があるのは注目だ。グーグルマップで「愛川町　外国料理」「愛川町　エスニック」「愛川町　ペルー料理」あたりで検索すると場所が出てくる。

バス便しかない町の中に異国飯屋が無数にあるので、一見すると車がないと巡るのは難しそうだ。しかし幸い一部の寺を除けば、バスが1時間あたり2本〜4本程度通る幹線道路から遠くないところに寺や店があるので、バスで巡ることも可能だ。

愛川町でなにか一食食べるとなると、もちろん好きな料理や食べたい料理を食べるに越したことはないが、レアという視点で見るならイートインもできるペルー食材の商店「La Miel」をすすめたい。

日本で南米系食材店は他にもあるが、そのほとんどがブラジル人メインでペルー人はおまけのブラジル食材店で、店の中ではブラジルで使われるポルトガル語が飛び交う。ところが愛川町の「La Miel」は日本でも珍しいペルー人によるペルー食材と軽食ばかりの店だ。

ペルー料理店は横浜市鶴見区や群馬県伊勢崎市にもあるが、ちょっと綺麗なレストランだったり地元日本人が溶け込み利用する店だったりする。一方「La Miel」は、写真を見たチリ在住日本人の方のコメントによると、防犯用の金網がないところを除けばペルー本国の商店の店構えとほぼ一緒だという。ペルーの商品ばかりをズラリ取り揃え、多くの人が次々と出入りしスペイン語で店員と会話しながら買い物する店というのはそうそうない。

愛川町の喫茶店で休憩がてらマスターと話をすると「最近ゆったりしたくてここに店を

構えたんですが……なんかいくつも外国の寺がありますね。驚きますよ。あとは町主催の国際的な祭りがあるらしいですね。ただローカルなタイ人の祭りがあるとは知らなかったねえ」と語った。

タイ人の間で祭りの情報は伝わるものの、地元の日本人には届かないようだ。

ところで先に紹介したタイのお祭り会場となったワットラカンのすぐ近くには、カンボジアの「ワットクメール・アンコールラタナクランセイ」という寺がある。加えて愛川町内に「カンボジア文化センター」という寺のような建物が建設中だった（2021年当時）。カンボジア以外では愛川町役場から歩いて行ける距離に「ラオス文化センター」という寺のような建物があり、さらにベトナム人が集まる寺もある。

いずれも「入っていいですか？」と声をかければ拒まれることなく歓迎してくれた。それぞれが各国の人々のための寺院であり、例えるなら横浜や神戸の中華街にある関帝廟のようなもので、本国にある寺そのままだ。

僕が寺に入るときは、靴を脱いで中に入ったら、七色に光ったり光らなかったりする仏様を前に、礼儀正しくきちんと座り礼をする。人がいればその場所にいる人々と生活やご飯の話、昔その国に旅行したことがあるとか、いつかその国に行きたいとかいう話をして、

ラオスの文化保全のお祭りに参加する

ラオス文化センターのお祭りがあるという日に、友人で中国研究者の西村晋《にしむらすすむ》氏とともに再び愛川町に向かった。本厚木駅から最寄りの愛川バスセンターまで向かう神奈中のバスには、最初それなりに人は乗るものの途中でだんだんと少なくなり、愛川町の市街地についた頃には僕ら以外はいなくなっていた。

その日も以前同様アフリカ系住民数人が自転車の解体作業を行っているのを見ながら、ラオス文化センターへ進んでいく。

「あれ、外交官ナンバーの車ですよ」。西村氏の指した先に、外交官の車が駐車していた。その先に、いつもと違ってお祭りでにぎやかな雰囲気の寺のようなラオス文化センターがあった。近づくにつれて東南アジアに来たときのような音楽が大きくなっていく。入口まで くると、ラオス人が多数いて縁日のようになっていた。「これ脳がバグりますね」と西村氏は声を漏らす。

その日は建物の入口に、それまでなかった七色に輝くLEDライトが横断するようにぶら下がって点灯していた。

「LEDライトを新たにつけたんですよ、いいでしょう!?」。先々週話したラオス人の方は覚えていてくれて嬉しそうに語る。「どうぞどうぞ、ここで好きなだけ食べてください！建物の中に入ってもいいですよ！」

ちょうどそのとき托鉢《たくはつ》の行事があり、ラオス人僧侶が器をもって歩いて、沿道の人々がお金やモノを入れていた。僧侶の後ろから盛り上げ役の人がポータブルスピーカーを持ってついていき、伝統音楽で盛り上げる。その様子は先日のタイの祭りとよく似ていた。

先日のタイの祭りでは万札がたくさんぶら下がっていた金のなる木。これはラオスのこのお祭りでも見かけたが、ぶら下がっているものは1ドル札が目立つ。またタイの祭りでは札束が入っていた器には、花束とのりたまといわしのおつまみが入っている。

祭りの面白さに資金力が比例するわけではないものの、明らかに資金力でタイのそれと差があった。

さらにいうと同じ町にあるカンボジア文化センターは過去何度か訪れたことがあり、屋根や屋内でカンボジア人男性数人が手作業で建築作業を行っているが、数カ月かかっているとは思えないほど建築スピードは遅い。話を聞くと「お金が足りないのです……」と漏らす。外国人コミュニティの資金力の差は国籍で随分違うようだ。

一角では屋台が並べられ、ラオス人が準備したラオス料理を並べていた。先日のタイのイベントと同様ラオスの手料理がズラリと並ぶ。タイのお祭りでは12時過ぎで大分食べ物はなくなっていたが、今回は11時くらいに着いたこともありいいタイミングだった。

タイの祭りとは異なり有料ではあるが、ひとつ数百円のお手頃価格でラオス料理を食べることができ、千円程度で満腹になる。食べ物はラオス風焼き鳥（ピン・カイ）やパパイヤサラダ、さつまいもの天ぷら、もち米のちまきにビーフン（カオ・ソー

ラオス文化センター

イ）などが用意されていた。ラオスの人々がもち米「カオニャオ」を入れる植物の器を小銭入れにするライフハックにニヤリ。

ここで食べるカオ・ソーイは、ラオスに接する僕が長く住んでいた中国雲南省のソウルフード「米線」に驚くほど似たもので、ここで第二の故郷の味が食べられるのか！　と不意打ちを受けて感動した。西村氏も「これ海外行く必要なくなりますね」と絶賛していた。

日本の一戸建ての家を改造したラオス文化センターの中では、人々は僧侶の前に座り、僧侶が座ってお経を読んで話をするのを聞いていた。そこをラオス人カメラマンが動いては様々な角度から写真を撮っている。僕ら一行も座って、言葉はわからないがありがたく話を聞く。

一旦家から退いてしばらくして再び集まる人々を遠くから見ると、参加者各人が糸を指に結びつけて糸電話のように各人をつなぎ祈っていた。本国ラオスでも見る習慣だろう、神妙な面持ちで僕らはそれを見ていた。

難民のおふくろの味

紳士のような風貌の日本人の老人を、ラオス人が「先生！」と呼び、談笑している。先生は、山梨ラオス友好協会の会長中込龍人氏。もともと青年海外協力隊としてラオスで働き、日本に帰国したあともラオス人のサポートを行っている。「新型コロナウイルスのせいで数年できなくて、久々に行われるので呼ばれたんですよ」と嬉しそうに語る。中込氏は愛川になぜラオス人が集まっているのかを語ってくれた。

「昔、(兵庫県)姫路と(神奈川県)大和《やまと》の定住促進センターでインドシナ難民を受け入れたんですよ。その人達が、愛川にこのラオス文化センターを作ったのです」

「定住促進センター」で検索すると当時のことをまとめた資料が出てくる。

アジア福祉教育財団難民事業本部のサイトの説明によれば、1979年に姫路に、1980年に大和の南林間にセンターができ、そこにベトナム、ラオス、カンボジアの難民が入所した。インドシナ難民と呼ばれる彼らは、当時この3カ国が相次いで社会主義体制に移行したとき、新しい体制の下で迫害を受ける可能性がある、あるいは新体制になじめないといった理由で難民となった人々だ。地元にはセンターを支援するボランティア団体ができ、その活動の輪はしだいに神奈川県内の地域に拡がっていった。

愛川町に外国籍住民が多い理由は、愛川町の中心地からすぐのところに広がる「内陸工業団地」にある。工場や物流施設が多数入居していて、外国人が仕事を探すには都合がよかったのだ。

　それでラオス文化センターやカンボジア文化センター、それにベトナム寺も愛川町に建てられ、それ以外にも工場の近くにスリランカやベトナムやペルーの料理屋が並ぶ。

　また神奈川県下では、希少なラオス料理専門店が大和市内の相鉄「さがみ野」駅前にある。ベトナムについては大和市と横浜市にまたがる「いちょう団地」に、ベトナム料理ファンには知られる現地さながらの店「タンハー」をはじめとしていくつもの店がある。いちょう団地のお祭りでは、ベトナム屋台ゾーンもできあがっている。これまた見たこともない日本でもなく外国でもない雰囲気となっていて楽しい。大和の定住センターがもたらした広がりだ。

　関東では神奈川県県央地域の大和市や愛川町がそうであるように、関西では兵庫県姫路市が、ベトナム寺があるなど多文化共生の自治体として知られている。その後、姫路市のベトナム難民が姫路市から兵庫県神戸市長田区に居を移したことにより、現在でも新長田駅から南の地下鉄駒ヶ林《こまがばやし》駅にかけては、在日ベトナム人向けのベトナム関連の商店や食堂やスナックが点在する、関西でも有数のディープなベトナムゾーンとなっている。

グーグルマップで「新長田　ベトナム料理」と検索し、プロットされた新長田の古いアーケードを歩いたときのこと。何やらベトナム人家族で団欒《だんらん》している食堂や、暇なのかベトナム人ママがひとりベトナム語の歌を歌っているベトナムスナックが見つかった。

あまりにベトナム語の歌が気になったのでベトナムスナックのドアを開け、「何かください。あなたの歌が聴きたいので店に来ました。どうぞ歌ってください」と伝え、ベトナムの歌を聴きながらフォーをすすりビールを飲む。明朗会計で千円ちょっとで済む、こんな日本での異国体験もたまらない。

さてベトナム難民が神戸市長田区に集住するようになった理由はふたつある。ひとつは1980年当時、長田区で地場産業だったケミカルシューズ産業が好景気で仕事があったこと、もうひとつに阪神・淡路大震災では救援基地になったカトリック教会の存在がある。ベトナム難民の3割がカトリック信者であり、人口的には決して多くはないが、彼らの生活は信仰と密接に関わっているという（「2015年度 公益信託 神戸まちづくり六甲アイランド基金助成事業　報告書　ベトナム難民一世・二世たちの震災の記憶　阪神・淡路大震災から20年を迎えて」）。

加えて長田区は人が庶民的なうえに古い家が多くて家賃が安く、在日朝鮮・韓国人の街だったので外国人の存在を受け入れやすかった土地でもあった。それに電車で10分も乗れば元町の中華街があり、ベトナム料理の食材を簡単に手に入れられた（戸田佳子「阪神・淡路大震災後の在日ベトナム人の生活再建」）。

神奈川県で展開するラオス人コミュニティに話を戻そう。アジア福祉教育財団のサイトには、ラオス文化センターができた経緯が書かれている。インドシナ難民として日本に定住したラオス人が、母国文化を継承したり、皆が自由に集い日本語を学べるお寺のような場所を求めていた。そこで在日ラオス人の会員が5年計画で費用を持ち寄って資金を集め、用地探しを行い、2階建ての民家を購入し、2003年6月に開所したという。

寺子屋のような場所だからラオスから呼んだ僧侶が常駐している。祭りの開催日を確認しようと電話をしたら、「サバイディー（こんにちは）」の声のあとにすぐあたふたしたのか電話が切れてしまったのだが、これは日本語が話せない僧侶が対応したからかもしれない。

ひとつ疑問がわく。難民の人が亡くなったらどうするのだろう。難民となったからには故郷の国にも帰れない。

中込氏は「藤沢にインドシナ民の共同墓地があるんですよ」という。調べると大和に近い小田急江ノ島線の長後《ちょうご》に善然寺《ぜんねんじ》という寺があり、そこにインドシナ民の共同墓地がある。国に帰れず、そこに眠ることになる。僕も西村氏も中国にそれなりに暮らしたが、かといって亡くなったら母国で埋めてほしいという気持ちはある。難民の人はどのような気持ちだろう。

「ところでさっき東京からラオス大使が来てたんですよ。僧侶の前で他の人と同じように礼をしたんです。国を捨てた難民のところに行って僧侶に挨拶するんですよ！」と中込氏は教えてくれた。やはり道中で見た外交官ナンバーの車はラオス大使のものだろう。

同サイトの過去のラオス文化センターのお祭りのレポートを毎年見ていくと、大使が「在日ラオスの人々が母国の伝統文化を継承するために協力し合って立派な行事を継続して開催していることを大変嬉しく思います」と語っているのが紹介されている。例えるなら、中国のどこかの領事が反中国政府的な人々が主催する中国文化継承のイベントにへりくだって参加する感じだろうか。そう考えればすごいことだ。

僕は中国の昆明に長くいたが、この間に日本の文化を大切に保存しようという動きがあった。昆明には在住日本人は非常に少ないが、日本人コミュニティの中で小さい子から青年まで日本人と中国人の間に生まれた子供たち数名を集め、週に1回マンションの一室で日本語を教えるというイベントが開かれていた。日本政府のバックアップにより、日本から教師を呼び、日本語の教科書が無料で届き、またしばしばイベントとして日本の踊りを踊ったり、日本式屋台を出したりしていた。

在日の東南アジア人たちと同様のことを、海外の日本人もやっているのだ。

こうした文化を残したいという気概でラオス人たちはラオス文化センターでラオスの食事を用意し、本国から呼んだ僧侶から教えを聞く。タイもラオスもそうだが、食事は日本の材料ながら限りなく本場の家庭料理を再現したものになるわけだ。

難民が集まって40年。難民は神奈川県大和市や兵庫県姫路市から周辺へと新天地を求め、工業団地に仕事を探し、二世も青年へと成長した。「元難民も定着すれば地域の活力になるんだな、ってのをわりと実感しました」と西村氏は語った。地域が元難民を支援する仕組みをつくったからこそ元難民は定着した。

日本人が海外でアイデンティティ維持のために日本式のお祭りをやるように、外国人もまた日本で故郷の料理をふるまうイベントを開催する。タイマッサージを受けながら聞いてよし、「大和市　外国料理」「長田区　外国料理」などとグーグルマップで検索し、老舗とおぼしきインドシナ料理店に訪問して聞き出してよし。その先にきっと在日外国人が集まるイベントが待っている。

column 2

日本のベトナムショップのおすすめグッズ

雲南省昆明で暮らしていた僕にとってベトナムは近かった。なにせ昆明から夜行列車や夜行バスで寝て起きたら早朝に中国とベトナムの国境の街「河口」に到着する。

昆明はレアル・マドリードや高橋尚子選手やボブ・サップ選手が高地トレーニングをするほどの高原で涼しいが、河口は雲南省で最も標高が低いところで体感温度は10度近く上がる。ここの国境は24時間開いているわけではないのだが、生暖かい河口でやることがないので、雲南の米線を国境近くの店でもさもさ食べてまったりと待った。そうしているうちに中国国歌が流れ、国境は開きベトナムにいけるのだ。

ベトナムに入ると時差が1時間あるので、時計を1時間前に戻す。ベトナムでは中国特有のネット規制がなくなるので、まずはフォーが食べられる店やベトナムコーヒーが飲める店で休憩し、制限のないインターネットを満喫したのち、スーパーで買い物をしていた。

ここで買っていたのが、インスタントフォーやベトナムコーヒーだった。ベトナムのインスタント麺はフォーをはじめ外れがなく、インスタントのベトナムコーヒーも日々の生活で時々飲みたくなるもので常備していた。

日本でもまたベトナムショップではインスタント麺やインスタントコーヒーが売られている。袋入りのインスタントフォーの場合、なんと百円ちょっとで手に入る。袋を開封し、かやくと調味油と粉スープの小袋と白色透明なフォーをお椀に移してお湯をそそぐだけで、日本のインスタントラーメンとは明らかに別物の異国麺が食べられる。

お手頃価格で美味しくも日本のものと異なる麺が食べられるとあって、中国からベトナムに出かけたときも日本にいるときもインスタントフォーを買い込んでいる。しかもフォー以外の麺を活用したインスタント麺を使っても外れがなく、辛すぎずしょっぱすぎず食べやすい。

ベトナム商店ではフォーなどの各種麺そのものも2、3百

手軽で美味しいインスタントフォー

円で売られている。インスタントフォーとは異なる「本当のフォー」が作れるわけだが、茹でるのに時間がかかり少々手間暇がかかる。気軽に食べたいならインスタント麺を選んでいろいろ試してみよう。

ベトナムの食といえばフォーと生春巻き、それにベトナム風サンドイッチの認識しかない頃、未知飯に驚いたことがあった。

本文でも取り上げた神奈川県横浜市と大和市の境にある「いちょう団地」というベトナム人が集住するエリアがある。その最寄りが小田急江ノ島線高座《こうざ》渋谷《しぶや》駅で、駅から15分くらい住宅地を抜け林を抜け田畑を抜け川を越えた先にある。いちょう団地やその脇には、ベトナム系商店が何店かあるが、その中でも「タンハー」は、その独特な簡易建築の外見と圧倒的商品数と独特な陳列から、地元ベトナム人住民だけでなく異国飯ファンやベトナムファンに一目置かれている。

生春巻き

ある日そんないちょう団地に行こうと高座渋谷から歩くこと数分、さっそくベトナムショップがあって気になって入店してしまった。そこで頼んだのがベトナム風ビーフシチュー「ボーコー（BO KHO）」でこれが大当たり。ビーフシチューらしい甘さの中に、とうがらしやらニンニクやら五香粉やらがガツンと入る甘辛味で、こんな美味しい料理があったのかとフォーしか知らない僕は反省した。

その後ベトナムに行く際には、ぜひ本場の味を食べてみようと探した。特にグーグルマップで検索ワードを入れることなく街歩きをしていると、たしかに道端の屋台ですらボーコーを提供している。以前は認知しなかったので発見できなかったようだ。

ボーコーは珍しくない料理だというのは検索してみてもわかるもので、「BO KHO」と入力すると、赤いスープのビーフシチューのメニューがズラリ。調べると、牛肉の他ににんじんを入れてバジルをのっけるとよいようだ。さらに画像をクリックしていくと、いくつかのベトナム語のレシピサイトにたどり着く。これをグーグル翻訳などで翻訳をするとより細かくレシピがわかる。

もっとも手抜き料理はできるもので、日本のベトナム商店ではコンソメのようにお湯に入れて溶かすだけでいいボーコーの素が安く売られている。そこに牛肉……はもちろん正統派なのだが、冷蔵庫のありあわせの肉やら練り物やら野菜を入れても、今までよく飲んでいたありきたりなスープと違って新鮮なもの。ましてやうまいと知ったものならなおさらだ。このパンチの効いた、ビーフがときに入らないビーフシチューは、ご飯と合わせて食べてよし、コンビニやスーパーで売っているチーズパンやフランスパンと合わせて食べてよし。

ベトナムショップでボーコーのスープの素の近くには様々なスープの素が売られている。日本の野菜や肉や練り物を具材として用意し、日本の鍋の素の代わりにベトナム風のスープの素を入れればベトナム風スープをさくっと再現でき、ズボラな僕もよく活用している。新しいスープを口にするたびに「こんな味のスープがあるのか」と、食が新鮮に感じられることうけあいだ。スープ以外ではエビ塩はマストバイ。何でもこれでおいしくなる。

グーグルマップで「ベトナム　ショップ　(都道府県名)」などで検索すれば、食材店を見つけることができよう。一方同じ東南アジアでもタイの食材店となると、「タイ　食材店」で検索するとわかるが、横浜の若葉町や成田のあたりに集中している程度で数が少ない。タイ食材で試したいものは、まずタイチリソースやナンプラーやインスタントのタイカレーなどが挙げられるが、これらはカルディコーヒーファームなどのこじゃれた輸入食材を扱う店でも容易に入手可能だ。

ミャンマー食材を扱う店はさらに少ないが、東京近郊に住んでいれば、高田馬場駅前にあるミャンマーの食材店やレストランなどが多くテナントに入ったビル「タックイレブン」が楽しい。ここではビル歩きを楽しみつつ、日本人のファンも多い食べる茶葉「ラペソー」や、Royalブランドのミャンマーミルクティーをまずは購入してみたい。チャレンジャーは、一部の店で売っているできたての総菜も買ってみよう。店員におすすめ食材について聞いてみれば、店員は日本語で丁寧に頑張って解説してくれる。買い物ひとつが印象深いものとなり、思い出に残ることだろう。

ミャンマーを存分に味わえる高田馬場タックイレブン

第4章

大阪西淀川のパキスタン料理屋で食べて語らう

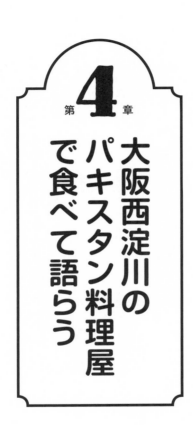

大阪西淀川のリアルパキスタン

2021年10月22日金曜日の午後、ふらりと入った大阪は西淀川区のパキスタン食堂「シタラ」で、パキスタン人オーナーの「ワッスィーム」氏と長々と話をしていた。

特別用事があるわけでも、旧知の仲でもない。話す内容は「仕事は何をしている？」「結婚はしているのか？」といった向こうの国ではよくある内容だった。何の仕事をしているからどうなる、結婚をしているからどうなるというわけでもなく、質問を投げて答えてで会話は一旦終わる。この雰囲気や感覚は、バングラデシュやインドを旅行していたときと同じだ。

スマートフォンが世界で普及する前、暇をもてあましていた現地の人々は、東アジア顔の僕を見つけては目力と手首のスナップを強烈にきかせ「来い、来い！」と僕を手招きした。そしてチャイを出しては、「仕事はなんだ？」「家族は何人いる？」といった、それを聞いて何になるのだろうかと思ってしまう、ゆるい取り調べのような会話をした。それが南アジアの旅の醍醐味でもあった。「あった」と書いたのは、今では彼らの注目がスマートフォンの画面に映るものに移ってしまったからだ。

観光地で声をかけ、言葉巧みに騙し所持金を吸いつくそうとする外国人旅行者ハンターは危険で、そうした場所で声をかけてくる現地人を素直に信じるのは自殺行為だ。一方で観光地でない場所で声をかけてくる人は、それがビジネスではなく興味本位だから、お茶を一緒に飲んだり、職場や家を訪問して延々会話をすることがある。あの南アジア・西アジアを旅した感覚が大阪で蘇《よみがえ》る。

大阪のリアル外国料理でよく知られているものを挙げると、まずは近鉄電車とJRの乗換駅「鶴橋」の駅下から東に広がるコリアンタウンが有名だ。大阪の多くの人が行き交う一大ターミナル駅ながら、改札を出ると途端に非日常の韓国人街に放り出される唯一無二の駅である。

日本橋と上本町《うえほんまち》の間から北に行った繁華街の外れの「島之内」や近鉄今里《いまざと》駅から南に行った昔は遊郭があった花街「今里新地」にも中国料理店や韓国料理店が多いほか、大阪東部のベッドタウン「八尾《やお》市」のJR八尾駅と近鉄八尾駅の間もベトナム人が多く、ベトナム商店やベトナム食堂やビリヤードなどの娯楽施設、それにコンパクトながらもベトナム寺がある。

大阪の二大繁華街であるキタの梅田とミナミの難波のあたりは中心地だけに多種多様な外国料理屋があるが、在住者数でみると大阪（さらにいえば関西）は韓国と中国のオールドカマーが多い。

そんな中で、比較的新しい外国人コミュニティで、モスク「大阪マスジッド」を中心に食堂や商店が点在する西淀川区のリトルパキスタンは異色の存在だ。

その日僕と、僕と同じく中国に足を突っ込み翻訳の仕事をしている友人の藤佳《ふじよし》あやらは、リトルパキスタンの最寄り駅となる阪神電車の千船《ちぶね》で合流し、パキスタンを体感するぞとばかりに大阪マスジッドに向かった。

モスクに到着すると、ちょうど礼拝の時間なのかぞろぞろと人がモスクに吸い込まれていくのが見えるが、その周囲に何軒かパキスタン系の商店や食堂があり、安いほうの「シタラ」に入った。入口には階段があり、2階も店になっているらしい。店内は人がいないので1階で食べることにした。

「フライデースペシャル」を頼む。フライデースペシャルはこの店だけでなく、近隣の店も提供していたが、この店のものは

シタラのフライデースペシャル

「チキンプラオ（ビリヤニに似た炊き込みご飯）」「ビーフニハリ（カレースープ）」「サラダ」「ナン」で、さらにジュースは飲み放題とボリューム満点で千円だった。

ヒジャブをかぶった若い女性が料理を運んできてくれて食べ始めると、南アジア風の人々が次々に入店しては注文し、いきなり店内は満員となって繁盛店の様相を呈した。厨房はあわただしくなり、店員の女性が次々に日本語で注文を聞いては食事を配っていた。

藤佳とホールスタッフの女性を除けばフロアは全員南アジア顔の男性で、女性客は入店すると2階に上がっていく。女性が必ず上階に行かなくてはならないわけではないが、習慣上男女別フロアで食べるそうだ。これもまたなんとも外国に行っている気分になる。

僕らがスプーンで食べている周りで、他の客は右手で器用に食事していた。味覚だけでなく視覚でも全角度パキスタン感が

シタラの店内と店の人

増していくさまは「VR（仮想現実）パキスタン」である。藤佳が「どうやって手で食べるか教えてもらえませんか？」と聞いてみると、ここはさすが日本なもので日本語は通じ、「こうやって食べるんですよ」とジェスチャーを交えながら日本語で説明してくれた。ついでに出身を聞くと皆パキスタン人だった。

手を使った食べ方は、説明されたからできるかというとそうではなく、箸を知らない外国人がすぐには使いこなせないように簡単ではない。が、日本に居ながらにしてパキスタン人に指先を使った手食文化をレクチャーしてもらえるのは、パキスタン人に愛されている食堂だからこそだ。

ちなみにパキスタン人の客とヒジャブを着けたホールスタッフの女性が日本語で話していたのは、彼女がインドネシア人だからだった。同じムスリムだろうと、店員と客の共通語は日本語である。同じ日本語を話せど、やはり母国の会話の習慣は違うもので、後でゆったりした雑談ができたのは店主のワッスィーム氏だけだった。

客は去っていき、店にいるのはワッスィーム氏と我々の3人となる。

チャイを飲みながら「なんでここに来たのですか？　ここは初めてですか？」と聞かれる。店では麦茶を入れる大きなやかんがチャイ入れとして使われている。日本の風物詩である道具が外国料理屋で別の飲み物向けに活用されているのが味わい深い。そこで「新しいことが好きで、リトルパキスタンが気になったので来ました。どうしてここにリトルパキスタンができたんですか？」と聞き返し、リトルパキスタンができた経緯を聞き出す。

いわく、西淀川に中古車のオークション会場がある。パキスタン人の多くは中古車のビジネスをしている。ワッスィーム氏自身も中古車と不動産で財を成したパキスタン人だ。そこで多くのパキスタン人が西淀川周辺にやってきて、ワッスィーム氏はムスリムのニーズに応えて食堂を作った。西淀川はパキスタン人が集まる地域になったことで、食堂や商店だけでなくモスクも建てられたという。

ワッスィーム氏は一度は知り合いの同胞に店を譲ったが、振るわなかったので再度その場所に店を開いたらしい。

またワッスィーム氏は続けるように「ビジネスでなんとかうまくいった。ここではムスリムでも日本人でも困っている人がいたらどんどん来て。うちで食べてって」と語り続ける。ワッスィーム氏に限らず、イスラム教に「困っている人を助けなさい」という教えがあることから、日本各地のモスクでは炊き出しなどムスリムによる慈善事業も行われている。

ワッスィーム氏といろいろ話しているうちに次のステップは見つかるもので、家族に日本語を教える家庭教師を探しているという話になった。「それなら私が」と藤佳が手をあげ、とんとん拍子にワッスィーム氏の家に招かれ、パキスタン家庭式で床に座ってご飯を食べることに。ついでにiPadの修理も頼まれたそうだ。なんとも向こうの国ではありがちな急展開だ。

ところがその後、藤佳によれば日本語を学びたいという家族との連絡がうまく取れず、家庭教師の話は自然消滅したという。用事がなくてもときどき顔を出して茶を飲んで喋るのが長続きの秘訣《ひけつ》なんだそうで、なかなか継続は難しい。

在日パキスタン人と中古車ビジネス

西淀川のリトルパキスタンは全国に中古車オークション会場を展開するUSSという企業によるものだったが、これまでもパキスタン料理屋を見つけて話を聞いて中古車ビジネスにたどり着いたことはあった。

英語しか通じない、あごひげを長く伸ばしたオーナーが印象的だった栃木県小山《おやま》市のパキスタン料理屋「ラホーリーカーバーレストラン」でも、「なぜここに店があるのか?」と質問したとき、中古車オークション会場「アライオートオークション」が近くにあるからだという答えがあった。小山にも「ラホーリー」だけでなく、複数のパキスタン料理屋がありモスクがある。

ちなみに小山は栃木県屈指の異国タウンで、中古車の関係でパキスタン人が集まるほか、周辺の大工場で働くブラジル人やペルー人やフィリピン人もいる。さらに工場の要因に加え、小山市と隣接する茨城県下館（筑西市）に巨大タイ寺院があることから信仰深いタイ人も多く住んで店を出している。

こうした複雑な要因が絡み、交通の要所である小山では様々な外国のリアル異国飯や現地さながらの雰囲気を楽しむことができる。外国料理好きにはこれこそ「小山ゆうえんち」だと思えてならない。

社会科の地図で知られる帝国書院の中学校社会科の教師向け資料「中学校　社会科のしおり」（2008年7月号）では、パキスタン人についての説明がこう書かれている（一部、筆者による中略などがある）。

富山新港（伏木富山港）近くの射水市国道8号線沿いにパキスタン村と俗によばれて

いるパキスタン人が経営する中古車自動車の販売会社の密集地域がある。

1980年代後半から、ロシア向けの中古車の輸出が始まった。パキスタン人がこの地域に店を初めてオープンさせたのは1991年のことである。その後、富山新港周辺に空地がたくさんあったことや95年に国の規制が緩和され、手荷物として車を3台まで国外に持ち出せるようになったことからパキスタン人業者が急増し、現在、100社を超すまでになっている。田んぼを埋め立てた土地やレジャー施設、工場などの跡地をフェンスで囲み、中古車が所狭しと並べられている。店の入口には事務所のプレハブが建てられている。

おもにロシア人を相手に中古車販売が行われ、多くのロシア人が買い付けに来ている。そのため、この地域では、港から自転車に乗って、中古車業者を回っているロシア人の姿が目を引く。展示された中古車の前では、パキスタン人とロシア人が取り引きしている姿が見受けられる。ひげをはやし、民族衣装を着たパキスタン人に対し、ロシア人は短パンにTシャツと軽装である。

（中略）パキスタン人が寄付金を集め、建てたもので、県内唯一のモスクである。コンビニエンスストアの建物と跡地を利用しているため、注意してみないとそれとはわからない。アラビア語で大きく「ラー、イラーハ、イッラッラー、ムハンマドゥルラスールッラー」（アッラーのほかに神はなし）と書かれている。毎日、礼拝が5回行われる。礼拝の後、モスクの前で抱き合ったり握手をしたりしている姿がみられる。金曜日には集団礼拝が行われ、200人以上の人が集う。付近一帯はイスラームの雰囲気に包まれているとはいえないが、モスクのすぐ近くにパキスタン料理店が数軒ある。

ここで紹介された富山県射水《いみず》市は「イミズスタン」という異名が付くほどにパキスタン人が多いことで知られている。

その背景には中古車ビジネスがあることを、執筆者である現地の中学校教諭は肌感覚で理解している。この文章内で「金曜日には集団礼拝が行われ」と書いてあるが、これはここに限った話ではなく、イスラム教では金曜日が重要な日とされ集団礼拝が行われる。また礼拝は1日5回あり、日の出前、正午ごろ、午後3時前後、日没後夕方5時前後、夜7時前後に行われる。

冒頭の話に戻るが、こうしたイスラム教の事情から、我々は大阪西淀川に金曜の昼に行った結果、集団礼拝を終えたイスラム教徒の人々が食事のために一気に入店し、フライデースペシャルのランチが食べられたのである。

異国飯だけでなく、空気感も含めてより外国を体感したいなら全国津々浦々《つつうらうら》のモスク前のイスラム系料理屋に、金曜の昼に行くと楽しさ倍増だ。グーグルマップで「モスク」と検索し、出てきたモスクのある自治体で「ハラル料理」「パキスタン料理」とさらに検索して、出てきたレストランがモスクのすぐ近くにあり、かつ非日本語のレビューが書かれていれば期待できる。

東京近郊では、つくばエクスプレスが通る埼玉県八潮《やしお》市は東京近郊ではとりわけパキスタン人が多いことから「ヤシオスタン」と呼ばれている。これまで紹介した法則と同じく、中古車事業者があり、モスク「ヤシオマスジド」があり、テレビでも紹介される有名店「カラチの空」をはじめとしたパキスタン料理屋がある。ただ、ヤシオマスジドからカラチの空までは結構距離があるので、地元のパキスタン人がそこに集団で食べにいくかというと不確実だ。

また名古屋近郊では、西部の弥富《やとみ》市と飛島村《とびしまむら》の境あたりにある「インターナショナルビレッジ」という、見た目がアジトあるいは工事現場のような建物が特徴でカルト的人気を誇るパキスタン料理屋がある。この店のある弥富市の沿岸部には中古車関連会社が多数あり、また飛島村にはモスクもあり、やはり「中古車ビジネスの近くにパキスタン人街あり」の法則が適用される。

樋口直人《ひぐちなおと》編『日本のエスニック・ビジネス』(世界思想社)ではパキスタン人と中古車貿易についての記述がある。在日パキスタン人によるエスニックビジネスで最も多いのが中古車貿易であり、ハラル食材店やレストランを大きく上回り、最も人気があるとのことだ。2000年代初頭から一貫して多いという。

特筆すべきはパキスタン人同士での取引にとどまらず、第三国との取引を拡大して世界市場に打って出ている、という点だ。中古車輸出市場の半数以上がパキスタン人という話も出ている(朝日新聞2004年4月5日夕刊「中古車輸出 外国人が担う」)。ある中古車オークション業者によると、輸出専門のオークションでないにもかかわらず輸出用の売り上げが取引量の3割を占め、かつ仕入れに関してもパキスタン人による小口仕入れをしているという。

パキスタン人による中古車ビジネスの歴史を溯ると、80年代後半以降、当時日本ではニューカマーであったパキスタン人が続々と中古車貿易業に参入した。93、94年にパキスタン政府が国内の自動車産業保護のために中古車輸入の規制を強化したこと、加えて日本で

95年に輸出貿易管理令が緩和され、3台まで車を手荷物（携行品）として持ち帰ることができるようになったことで、第三国向けにパキスタンの中古車貿易業者が急増した。

本国パキスタンに送るためではなく、世界各国、特にロシア人船員向けの中古車貿易が活気づき、特に日本海沿岸の貿易港には多くのパキスタン人業者が集まりはじめた。

とまあこういう具合だ。なるほどパキスタン食堂の近くに、中古車オークション会場があるわけだ。むしろ中古車オークション会場があって、そこに通うパキスタン人向けにパキスタン食堂とモスクができたのである。

池袋にある日本最初のパキスタン料理店・食材店

逆に言えば80年代は現在のように日本全土でパキスタン人が中古車を買い付けている、という状況ではなかった。中古車会社、パキスタンレストラン、モスクの3点セットによるパキスタン人コミュニティが形成される前から営業しているパキスタン料理店や食材店も存在する。

リアルチャイナタウンと化した東京・池袋の中国系店舗が密集するエリアに、ひっそりとパキスタン人によるハラル食材屋「アルファラスーパーマーケット」とレストラン「マルハバ」という店がある。

アルファラスーパーマーケットの店主「ムスタファ」氏が「うちが最初のパキスタンの店」と豪語するほど古く、30年以上の歴史がある店で、兄弟（気の知れた友人のことを彼らはこう呼ぶ）が「アルファラトレーディング」で食品輸入業務を行っている。多くの輸入食材のパッケージには輸入業者や原材料などの商品説明が書かれていたり、シールが貼られたりしているが、輸入業者名にアルファラトレーディングと記されている商品も多い。老舗で実力ある店なのだ。

ある日アルファラスーパーマーケットを訪問するとアフリカ系住民の人が買い物していて、パキスタン人オーナーのムスタファ氏とアフリカンの客が日本語で「いくらですか？」「ふくろはいりますか？」「いらないです」などと日本語特有の優しい口調のやりとりを行っていて、傍からみてなんともほんわかした気分になった。

パキスタン食堂だけでなくアルファラのようなパキスタン食材店でもまた、パキスタン人スタッフはよくしゃべるもので、店主のムスタファ氏もまた話しかけるやいなや、いろいろと親切に商品を紹介してくれた。

ここに限らず、大阪マスジッド近くのパキスタン商店をはじめ、各地のパキスタン商店で店主はときにおせっかいと思えるほどの近い距離感でいろいろ商品紹介をしてくれる。南アジアでよく嗅ぐ香辛料のにおいに包まれながら、カレーパウダーや飲み物をはじめ、様々な食材の説明をじっくり実物を見ながら聞いてみよう。

英語を勉強したところで、積極的に行動しない限り西洋人と話すような機会はそうそうないのだが、パキスタン人とはよく会話になり、押し売りすることなく様々な商品を解説し、ときにおまけまでくれる。

「インドやパキスタンやアフリカの人も来るけど、日本人でも最近は本格的なインドカレーを作りたいという人が多く、香辛料を買う人が増えました」とムスタファ氏。本格カレーのニーズが高まれば高まるほど、南アジア系商店を知り、その先の国に関心を持つ日本人は増えそうだ。

パキスタンの隣国、イランとアフガニスタンを日本で体感する

パキスタンの西隣にはイランとアフガニスタンがある。千葉

温めてすぐ食べられる食事も売られている

県四街道市《よつかいどう》にはアフガニスタンからの移民が多く住むことから、四街道市では最も多い外国人居住者が中国人ではなくアフガニスタン人となっている。また四街道市に隣接する佐倉市にも、四街道市ほどではないがアフガニスタン人が多く住む。両市境のあたりにアフガニスタン人御用達のイラン料理屋「サダフ」と「アリアンレストラン」がある。アフガニスタンとイランは隣国なので、文化的に近いところがあるのだろう。

特にサダフは多くのイラン人やアフガニスタン人を呼びよせるだけでなく、とても異国を感じる店なので一推しだ。成田に行く機会があれば、その手前の京成臼井《けいせいうすい》駅からバスが出ているので行ってみてほしい。店の建物からして日本では見ないオーラを醸し出しており、店の中に入れば西アジアの人々が食事をし、テレビでも向こうの国の動画が流れている、かなり異国を感じる楽しい店なのだ。

肝心の料理はというと、パキスタン以東と違ってカレーばかりではなくなり、「ポロ」と呼ばれるピラフのような炊き込みご飯と「カバブ」と呼ばれるケバブもメニューの多くを占める。小岩のイラン料理屋「ビーナスデリ」オーナーのイラン人情報でもおすすめの店のひとつで、オーナーいわく「ウエイターがイラン人で厨房はインド人で、イラン料理の再現にはうるさい」とのこと。

さらにサダフではショップも併設され、イランやアラビア半島の国々の食材が売られている。未知の食材の買い物も楽しい。そんなサダフの周囲には中古車が多数保管されていて、やはり中古車ビジネスに縁があることがうかがえる。

東京ではパキスタンより存在感のあるバングラデシュ

東京に限れば、南アジア諸国ではパキスタンよりも、パキスタンから分離したバングラデシュのほうが身近かもしれない。

以前はインドとパキスタンとバングラデシュは同じ国で、イスラム教かヒンドゥー教かという宗教の理由と、ウルドゥー語かベンガル語かという言語の理由で別々の国になった。インドやパキスタンでは、非常にざっくり言えば同じカレーが食べられているように、バングラデシュもカレーが食べられている。

バングラデシュ人は日本国内では南関東の一都三県に集中して住んでいて、特に北区の十条・東十条一帯や江戸川区の平井、葛飾区の新小岩ではバングラデシュ人が開いた食堂や商店がいくつもあり、リトルバングラデシュとなっている。パキスタン食堂は関東では埼玉県八潮や千葉県野田を除けば北関東に集中しているので、それよりはバングラデシュ食堂のほうが行きやすい。

変わったところでは、平井の商店街にはバングラデシュ人が日本人向けに開く八百屋がある。店長が頑張って日本語の品名と値段を手書きした値札付きの野菜がズラリと並び、その奥に南アジアの各種スパイスなどが売られている、なかなか不思議な感覚になってしまう店でおすすめだ。

また平井の隣駅の葛飾区に位置する新小岩にも個性派なバングラデシュの店が数店舗ある。大人は日本語が通じない代わりにその小学生くらいの子供には日本語が通じる裏通りのバングラデシュ商店や、スマートフォン修理を行うバングラデシュ商店、それに薄暗く光る雑居ビルの急階段を上っていき、扉をあけるとあごひげの長いおじさんが「こんにちは」と声をかけるバングラデシュ商店など個性的な店ぞろいだ。

バングラデシュ料理屋では現地さながらの本格的なカレーやビリヤニが基本メニューだ。日本人もターゲットにしている店では冷奴《ひややっこ》や枝豆などを提供している、和洋折衷ならぬ和孟折衷の店もある。一方母国の味を提供しようとしている店では、バングラデシュ特有のマスタードオイルを活用した野菜料理「バジ」や「ボッタ」を提供しているところもある。

バングラデシュ系の人々に囲まれて食べたい、味覚だけでなく視覚・聴覚でも外国料理を体験したいということであれば、小岩から平井に移転した「ゴレルシャッド」のような食堂と商店が併設されている店がうってつけだ。高確率で地元のバングラデシュ人に囲まれて食べることになり、ちょっとした海外旅行気分が楽しめるだろう。店員と会話をしてバングラデシュ愛や異国飯好きを伝えれば、とっておきのまかない飯がもらえるかもしれない。

ところでパキスタンとバングラデシュはムスリムの国で、「ラマダン」に合わせて断食を行う。したがって敬虔《けいけん》なムスリムが経営している店、特に地方のパキスタン人経営の、同胞がメインの客層となる店ではその期間だけ食堂を閉めている店も確認できた。

一方バングラデシュの店は日本人をはじめとした非ムスリムに対して営業を続ける店が多い。ラマダンが終了するとイスラム教の祭典であるイードがやってきて、店によってはイードの宴会用のスペシャルメニューが提供されることがある。

僕は執筆現在では平井にあり、以前は小岩にあったバングラデシュ料理店「ゴレルシャッド」が好きで、しばしば食べてはあごひげを伸ばしたオーナーと世間話をしていた。そのおかげもあってか、オーナーから「イードの日は特別な料理があるから来てよ」と呼ばれ、その日は僕は友人らと一緒に、普段のゴレルシャッドにはない特別なメニューをたらふく食べた。普段食べない珍しい異国飯を前に僕らは目を輝かせた。

やはり南アジア文化圏においては、時々顔を出しては何か食べつつ顔見知りになるほうが、いろいろイベントが発生しやすい。

関東圏に集中するリトルインディア

カレーと言って思い浮かべる国はまずインドだろう。しかしインドの西のパキスタンもカレーを食べるし、東のバングラデシュもカレーを食べる。南のスリランカも、北のネパールもカレーを食べる。どの国も大まかに言えば、多種多様なスパイスを使ってカレーを作り、ご飯などと合わせて食べる。

違いを見てみるとインドでは牛肉が禁止、パキスタンやバングラデシュでは豚肉が禁止といった宗教的なルールのほか、インドのほうが肉を使わない傾向がある。

南インド料理のドーサ

インド料理と一口に言っても地域ごとに異なり、南インド料理は米ではなくクレープのような「ドーサ」を主食として提供するという大きな違いがあるので、食べたことがなければ「ドーサ」を提供している店を検索して未知飯を食べてみてほしい。

インド人は特にリトルインディアと呼ばれる東京の江戸川区西葛西に集住し、西葛西の駅を歩けばインド人の親子を普通に見る。インド人向けの本格的なインド料理屋も多数あり、中でも「トウキョウミタイワラ」というインドレストランは、本場インドでしか食べられないような痒い所に手が届く料理が食べられることから、流石リトルインディア！と未知の料理に驚くことだろう。

また新型コロナウイルスが流行する前は、ヒンドゥー教の祭りに合わせて西葛西で「東京ディワリフェスタ」や「色の祭ホーリーの集い」などのイベントが開催され、日本随一のインド人在住地域だけにこれでもかとインド人が集まっていた。そこでは皆が一体となって音楽に合わせて歌や踊りを楽しんでいるほか、インドさながらの屋台が出る。屋台でインドの食べ物を買い、周囲で楽しむインド人に囲まれれば、これがインドかと五感で感じられよう。

なお新型コロナウイルスの感染拡大が危惧された2021年のディワリの時期には西葛

西の祭りは中止になったものの、西葛西駅から近くインド人が多く在住する江戸川区清新《せいしん》町《ちょう》の住民に聞くと「インド人がディワリの日の夜に爆竹のようなものを鳴らしていて、にぎやかでしたよ」と当時の様子を語ってくれた。

ではリトルインディアがなぜ西葛西にできたのか。「地域社会における外国人の集住化に関する調査報告――江戸川区のインド人コミュニティを中心に（周、藤田）」によれば、日本が米国にIT面で遅れ危機感を持っていた2000年に森喜朗首相がインドを訪れ「日印IT協力推進計画」を策定し、3年のうちに千人規模のインドのIT労働者に対して日本語と日本の商習慣の研修を行うことを約束し、第2次出入国管理計画を発表した。

これによりインド人IT技術者の受け入れが進み、2000年頃からインド系の人々を西葛西で見るようになった。インド人の間では同僚などの口コミやインターネットを通じて西葛西の評判が広がり、高学歴・高収入の若い家族が中心に住むようになった。

西葛西の老舗インドレストラン「S」はもともとインド人用の共同キッチンで、外食が難しいベジタリアンや単身者をサポートするために作られた。その後徐々に地域で認知されるようになってインド人調理人が雇われ、インド家庭料理の味を売り物にするようになったという。また「S」の二号店は増加する南インド（南インドはバンガロールなどIT産業の街が多い）系出身者のニーズを満たすために、ドーサなどで知られる南インド料理店として開店した。西葛西のインド料理屋は生活やコミュニケーションの場として誕生した。

同レポートは、西葛西のインドコミュニティは、犯罪や貧困など問題が少なく、インド人の日本社会の共生の象徴で、他のエスニック・マイノリティと比較して非常にポジティブなイメージを持つ存在だとする。加えて昨今の本格エスニック料理ブームもプラスになっているだろう。ＩＴ先進国のアメリカでは、９１１テロの影響による不況と南アジア・中東系住民に対する警戒で、インド人がアメリカで暮らすのが難しくなったとしているのとは対照的だ。

ただアメリカでも日本でも共通して、若い世代のインド人が外国語ができない親を呼び寄せる動きがあるという。とすると今後も、西葛西のインドカレー屋はインド人向けに残ることだろう。

このような経緯から、インド人街は全国各地に点在しているわけではない。西葛西や、小規模のものでは横浜市緑区中山にあるが、他道府県在住者がこれらの場所に気軽に行くことは難しい。

それに対してパキスタン人は日本全土で積極的に中古車ビジネスを展開している。外国気分も含めてインド料理を満喫したいのであれば、文化的に近いパキスタン料理屋で食べるほうが現実的に行きやすいし、外国に行った気分を味わえるだろう。先述したようにバングラデシュ料理屋は都内で展開されているので、東京在住であればバングラデシュ料理屋も選択肢に入る。

ネパール人によるインド料理店

さてややこしいのが、ネパール人がインド料理屋と称して営業している店だ。

日本の多くのインド料理屋はネパール人が経営し、まるで横浜や神戸の中華街で出てくる日本人の舌に合わせたアレンジ中国料理のような、アレンジインド料理を日本人向けに提供している。店によってはタイ料理やベトナム料理やインドネシア料理を出すカバー範囲が広い、あるいは節操のないともいえるネパール料理屋もある。

ネパール人によるインド料理屋でインドカレー＋ナンセットをよく見るが、そもそもあいうふっくら大きい形のナンは、そうそうインドやネパールでは食べられていない。もちろんそういう店でもカレーは様々な香辛料を組み合わせて作られ、アツアツでモチモチのナンと一緒に食べれば、これはこれで安定して美味しい。

しかしそれをインド料理として喜ぶのは、欧米で韓国人が開いた「なんちゃって日本料理屋」の料理を食べて喜ぶ欧米人のようなものでもある。

ネパール人はベトナム人ほどではないが近年日本で急増している。コロナ前まで増え続けた結果、ネパール人は9万6千人弱までにのぼった。インドも、中国に迫る10億人超という人口を抱えるのだから多数来日していると思う読者もいるかもしれないが、しかしインド人は日本に3万9千人弱しかいない。78万人弱いる中国人の20分の1、ネパール人の半数以下だ。

ちなみに日本に在住するパキスタン人は1万9千人超、スリランカ人は2万9千人超、バングラデシュ人は1万7千人超で、南アジア顔（というのもざっくりすぎる表現ではあるが）の人々の中ではネパール人が圧倒的に多い。

多くのネパール人が渡日するだけに、僕がネパールに行ったときも例えばポカラという街で日本語が話せる一般人があまりに多くて驚いたことがある。なにせ市場で野菜を売っている人と普通に日本語で会話したなんてこともあったのだ。

在日ネパール人の増加とともにインド料理を自称する店が増え続ける現象について（繰り返すがこれらの店はまずいわけではなく十分に美味しい）、インド人はもやっとしている。

澤宗則による研究事業「空間的実践とエスニシティから見た在日インド人と在日ネパール人―戦術から戦略へ」の報告書は、「急増するネパール人経営の『インド料理』は、日本人から見れば『インド料理』であるが、『伝統的インド料理』の枠組みを超え、日本人の味覚にあわせて現地化する。（中略）インド人経営者が『これは全くインド料理ではない』と批判するなど（中略）、アイデンティティに関する対立となっている」と結論付けている。

ネパール人が全くインド人と違うかというとそうでもなく、ヒンドゥー教徒は多く、インドの箇所でも述べた祭り「ディワリ」がある。ちなみにディワリのときにはスペシャルメニューを出す店があるので、「ディワリ　ネパール」で検索して日にちを確認し、ディワリスペシャルの料理を出す店を調べてその日に行けば特別な未知飯が食べられるわけだ。

ともかくネパール人が日本人向けインド料理の店を出しているならば、むしろガチネパール料理を食べたい。せっかくならば客も店員も店の雰囲気もオールネパールのところに行きたい。

本場ネパール料理は、ネパール人が出しているインドカレー+ナンセットとはだいぶ違う。本場ネパール料理は数あれど、基本は「ダルバート（豆スープとご飯）」をベースに「アチャール（漬物などの箸休め）」「タルカリ（野菜のおかず）」「サグ（青野菜炒め）」である。これに肉を加えてメニューに出しているところは多い。

また「カジャ」と呼ばれるちょっとしたおやつやおつまみもネパールでは定番の料理である。ネパール餃子「モモ」やネパール焼きそば「チョウミン」、ネパールのインスタント麺を砕いてピーナッツや炒めたタマネギと混ぜ合わせたおつまみの「サデコ」を出している店もネパールらしい。

インドカレーセットではなく、ダルバートベースの料理ばかりをメニューに出している店を見つけたら、ネパール人が日本の主流トレンドと関係なく自身の知っている料理を出す店であり、「これはガチネパール料理」ではないか、と店に入ってみたい。軽く食べてもよし、忙しそうにしていなかったら、あったかい飲み物のチャイを一杯頼んでまったりしてもいい。

千葉の新松戸で見つけた「スパイスショップ　サンサル」というガチネパール料理店が実にいい店だった。

ある冬の日の夜、ベトナム人向けの店が多くある千葉の新松戸を散策した際、駅から新松戸中央病院に向かったさらにその先に、「SANSAR」と書かれた店を見つけた。一応日本語表記もあり、カレーセットも提供しているが、どう見てもラインアップがネパールアレンジの日本向けインド料理ではなく、ガチネパールなのである。

「これは気になる……！」と扉を開けると、ネパールの食材や日用品やネパールの酒「ククリラム」をはじめとした酒類が置かれた商店スペースがあり、その先の食堂スペースでネパール人がまったりと会話をしている。

「この店だ！」入ったその店のメニューはリアルネパールで、メニューだけでなく疲れた木目の壁にネパールのポスターが貼られた店内も含めて、かつて旅したネパールのようで、ウルトラライトダウンを着たネパールの人々の会話をバックミュージックにすっかりネパール旅行の夢気分となった。お金で買えない雰囲気を激安な食事代で体験できるのだから、こんなにお得なことはない。ネパール生まれの高地で生き抜くための食ですっかり体は暖まり、店の扉を開けて日本（新松戸）に帰国気分に。

だからといって、外から見て本格的メニューがないと期待できないというわけでもない。

名古屋から地下鉄東山線で2駅目の本陣《ほんじん》という駅の近くにあるネパール料理屋「ローカルキッチン」に行ったときのこと。その店は日本人向けにカレーとナンセットを出していたので、（日本人向けかな……）とあまり期待しないで入ってみた。

そこではネパール人2人が話していた。まだ店を開いて間もない状況で、オーナーはあまり慣れておらず日本語もおぼつかなかった。ネパールで定番のインスタント麺「ワイワイ」のパッケージを店内で見つけたので、それを使ったネパール料理の「カジャ」や「サデコ」はあるかと英語で聞いてみるや、「おお、ネパールをよく知っているな！」とばかりに店員は上機嫌となり、メニューには書かれていない裏メニューを作り始めたのだ。

僕と店長の距離感が詰まってきたところで「ついでに何かネパールの酒が欲しいなあ」と頼むと、「いいよ。ククリってネパールのラムだ。これが最高なんだ」とばかりに、お湯とはちみつ生姜で割って出してくれた。ククリというのはネパールの伝統的なナイフのことをいう。この酒は、アルコール度数は40度超と非常に強いが、これをお湯で割るとアルコールとはちみつと生姜のミックスが飲みやすく体も暖まる。

値段もお手頃で僕も満足なら、店のネパール人も自分らの郷土料理が出せたことで嬉しそうだった。昔からやっているネパール人のインド

ククリラム

料理と比べてもフレンドリーなのは、やはりオープンしてそれほど時間が経っていないというのもあるだろう。

ネパール人は日本で急増していて各地で店がオープンしている。今後も新型コロナウイルスの感染拡大が収まれば、日本全国で来日したネパール人が店を開くだろう。日本語のつたないネパール人に、日本語でも英語でもいいので、ガチネパール料理を頼むときっと喜んで日本人にとっての未知飯を作ってくれる。

ネパール人とは全く関係なく、パキスタン人は日本各地で中古車商材を求めて外国にいるかのような本格カレーを提供する食堂や商店を開く。

海外に行きづらい中で日本人の本格カレーニーズが広がれば、こうした店も話題となり人気となろう。「日本人にとって身近なのにどこか違う」リアルな現地風カレーが今後より一層の日本人との架け橋となろう。

column 3

日本の南アジア系ショップのおすすめグッズ

日本の南アジアの店のインパクトは強烈だ。カレー的なものを日々食べるので、スパイスのパッケージがこれでもかと売られていて、店に一歩入れば、本格インドカレーな感じのスパイシーな匂いが鼻を刺激する。おまけにとりわけ話好きなパキスタン食材店の店員を筆頭に、商品についてだいたい日本語で教えてくれるので、カレー用のおすすめスパイスも教えてくれる。

振り返るとインド人やバングラデシュ人やネパール人やスリランカ人が経営する店もそれぞれ親切だが、パキスタン人の店はこの中でもとびぬけてセールストークをしてくれる印象がある。「買ワナクテモ大丈夫！　オッケ！　ノープロブレム！」と言われても、いやいや圧が強いとなんか買わねばと思うのは人の性《さが》。

とはいえカレーをスパイスから作れる人や、作ろうとやる気がある人は別として、いきなりスパイスを買っても食料棚の肥やしになりかねない。店によっては種類は少ないが、レトルトカレーやレトルトビリヤニを売っている店もあるのでそれを買うのもいい。ただ激辛の場合もあるので、買ってみて辛かったら鍋に入れたものに牛乳やヨーグルトやはちみつを投入してまろやかにしよう。

カレーといえばライスかナンやチャパティをイメージするが、ライスは専用の「バスマティライス」などの米がどんと置かれているし、粉モノは冷凍食品として売られている。店内で売られているバスマティライスは5kgや10kgの米袋がどうしても目立つが、探すと2kgの米袋が売られていることもある。日本の米とは味が違うので最初は小さなパッケージから買ってみよう。

インスタントカレーは日本よりもちょっと高めだが、外食で食べるよりは安く、気軽に家でインドカレーを食べると日々の食事にメリハリがつく。サイドメニューでよく見るサモサもよく冷凍で売られている。ひとつ取り出して食べるということができるのでありがたい。

パパド（インドのクラッカー）。
インドの女性組合が丹精込めて作ったという。

店の冷蔵庫に百円で買えるペットボトルのマンゴージュースを売っている店はよくあり、インドカレー屋の定番ドリンク「ラッシー」はたまに冷蔵庫でパッケージが売られていることも。あの味が家で飲めるわけだ。これを買ってカレーと一緒に飲むもよし、あるいはとりあえず入店記念にマンゴージュースを買っていくのもいい。

辛いモノに自信がなく甘いモノに自信があるなら、缶に入った「グラブジャムン」と呼ばれる南アジアの激甘スイーツを買ってみよう。南アジアのスイーツは概して甘いが、売られているグラブジャムン缶はなかなかのボリューム。店で缶のサイズを見てから買うか買うまいか考えてみよう。

店を眺めると紅茶の茶葉やティーバッグが売られていることもある。お湯を注ぐだけで捨てる処理も楽という点で、ズボラな僕はティーバッグを買っている。いろいろ飲んだがパキスタンの赤いパッケージの「TAPAL DANEDAR」はコスパがすごい。そこそこパンチの効いた紅茶を、ものすごい量で出してくれる。

雪平鍋にティーバッグをひとつ放り込み、お湯を注ぐとすぐに熱湯は赤黒い紅茶色に変色する。そのままだと濃いのでコップに取り出し水と混ぜて薄めて飲んでいるが、そうした濃い紅茶を鍋から全てすくってまたお湯を注いでもまだ1回分味と色がそこそこついた紅茶が飲めるのだ。

それが100パック400円くらいで売られていて、コストパフォーマンスはすごくいい。TAPAL DANEDAR が好きになったら動画を検索してみよう。パキスタン人カップルやパキスタン人ファミリーがこれでチャイを作るCMを見て、脳内をパキスタンにしよう。

こうした店ではお菓子も売っているが、なかなかクセがある。「辛い」「思ったほど辛くない」「おいしい、めちゃくちゃ美味しい」――インド人向けにYouTube動画を配信するNamaste Kohei 氏の動画のひとつの、「Haldiram's Aloo Bhujia（ハルディラム アルーブジア）」というお菓子を東京の日本人に食べてもらおうという企画での反応だ。

インドでは「食べさせてみた」ネタで出てくるほど定番で、インド人やインド在住者に愛されているお菓子なのだろう。インド在住経験者によってはこれをインドのベビースターと呼び、つまんだり、キャベツと一緒に食べたり、飲む

パキスタン紅茶「TAPAL DANEDAR」

ように食べたりすると聞く。インド滞在経験者は、アルーブジアを食べてインドを思い出すそうだ。

　滞在経験者が語るように、アルーブジアはまさにベビースターのような形状の揚げポテトで、食べてみるとインド的というか、最初はもりもり食べられるけど後から辛くなり味が口全体に広がり、ちょっと飲み物を飲んでタイム！　と声を上げたくなる。小腹が減ってちょっとつまんだら「や、もうインドはおなかいっぱい！」とばかりに満足になるので、小さな150gのパッケージでも開けるとなかなか減らない。日本のお菓子を買ってしまい、気づいたら袋がサクッと空になるよりも太りにくい。ネパール人が経営している店などでよく売っていて、150gで250円程度で買えるのだから、なんともコスパがいい。

　売り場にはアルーブジアと並んで、ハルディラムの豆のムングダル（MOONG DAL）や、いろいろ混ぜたインドスナックミックス（INDIAN SNACKS MIXTURE）などが売られている。せっかくだから何でもためそうと最初インドスナックミックスを買って食べてみたけれど、やはり在住経験者の意見の通り、アルーブジアがシンプルでインドを感じられるのでおすすめだ。

Aloo Bhujia の検索ワードで動画を検索してみると、ハルディラムのCMが出てくるかと思いきや、アルーブジアの自作動画が出てくる。マッシュポテトにターメリックやクミンやマサラやチリパウダーなどを混ぜてこねる。それを紐状に切り出し揚げるという動画だ。なるほど辛くてインドの味が口に広がるわけだ。

南アジアで酒はあまり身近ではないが、それでも売られていないわけではない。たとえばネパールの民の体を温める「ククリラム」がそうで、これをはちみつ生姜とお湯で割る。飲んでネパール人との話のネタになれば、ネパール料理屋でのネパール人オーナーとの会話が一層楽しくなる。

第5章

愛知の異国飯でラテンを旅する

他県とは異なる愛知のエスニック事情

東京や大阪の常識は名古屋の非常識だ。まずは名古屋がある愛知県について、外国人在住者という視点からデータを紹介しよう。

東京や大阪を含む多くの日本人にとって、外国人といえばまず実感として中国人か韓国人が最も身近であろう（西洋人が多く住み、「ナショナル麻布」をはじめとした西洋人向けスーパーがある東京の港区は例外として）。

ところが愛知県や名古屋市は違う。在留外国人の総人口は東京の半数弱程度だが、内訳を見るとブラジル人が最も多く約6万人となっている。愛知は日本の全都道府県の中で、在住ブラジル人人口で首位なのだ。他にも在日ペルー人、フィリピン人、インドネシア人、ベトナム人に

	ブラジル		ペルー		フィリピン
愛知県	60181	愛知県	7728	愛知県	39142
静岡県	31009	神奈川県	6500	東京都	33736
三重県	13837	群馬県	4842	神奈川県	23202
群馬県	13279	静岡県	4678	埼玉県	21400
岐阜県	12088	埼玉県	3370	千葉県	19820

	インドネシア		トルコ
愛知県	6968	埼玉県	2186
東京都	5479	愛知県	1552
茨城県	4204	東京都	931
神奈川県	4101	神奈川県	310
大阪府	3981	大阪府	218

（単位：人）

表6　都道府県別の在住ブラジル、ペルー、フィリピン、インドネシア、トルコ人数（それぞれ上位5位、令和2年末現在）

ついて愛知県が首位で、パキスタン人やトルコ人が埼玉県に続く2位となっている。

つまり働き手や地元消費者など身近な外国人のイメージが、名古屋や愛知県など中京圏では他地域とまるで違うのだ。別の言い方をすれば、「人種のるつぼとなっている新大久保にはいない外国人が愛知には集結している」と言えるし、異国飯という視点からすれば「東京でだいたいメジャーな異国飯を食べ尽くしたと思っていても、愛知で出会う異国飯はその経験をもってしても知らないものばかりで驚かされる」とも言える。

愛知のムスリム飯

港区は港区でも名古屋の港区には名古屋港モスクがあり、土地が安い割に車を使うなら交通の便がよいことからイスラム教徒が多く住む。駅でいうと名古屋を基点としたあおなみ線の荒子川公園駅《あらこがわこうえん》から稲永駅《いなえい》の間だ。

その周辺には日本でもあまり見ないトルコ系スーパー「カセリヤ」やトルコ料理屋「ケバブイスタンブール」、エジプト料理屋「セドラ」、それにパキスタン料理屋にスリランカ料理屋やハラル食材店がある。

エジプト料理屋「セドラ」は味もさることながら内装や来店客、雰囲気までもが本格的で、夜に行くとムスリムファッションを着こなした家族連れが続々と店に入ってくる。脳が「ここはどこなんだ」と誤解するほどに刺激的な場所だ。

料理のお味はというと、実際のエジプトに行っても感じたことだが、エジプト料理は味は濃いものの、ものすごくクセがあるということはない。カプサと呼ばれるご飯とチキングリルなどをつまみつつミントティーを飲み、店内で存分に雰囲気を味わいたい。

執筆現在の、開店当時から場所を移転した二代目セドラは、グーグルマップのタイムマシン機能で見るともともとは定食屋で、それを中東風内装にアレンジした店のようだ。二代目の場所に引っ越す前は居酒屋の居抜きであり、カウンターからエジプト人大将が渡してくるエジプト料理というのはまた味わいがあった。

名古屋は車社会だと言われるように、大通り沿いにモスクやレストランがあり、外国人も車を活用する。名古屋のリアル外国店もまた車がないと行きづらい場所にある。

名古屋港モスクの、トラックが行き交う大通り「名四国道」を挟んで反対側のハラル食材店にふらりと入ると、客が南アジア系の店員に英語と日本語ちゃんぽんで何やら熱弁していた。

「ワタシドライバー、エブリデイ、600㎞、サイタマチバオーサカ everywhere、ドライブ好き、昔も今も。私休みないココ休む場所、I love here very much」云々。あまりに気になったので言った言葉をメモしたついで、「さっきのドライバーは何人なんですか?」と聞くと、南アジア系店員は「パキスタン人デス」と答えて苦笑していた。

そのすぐ近くの「ケバブイスタンブール」もまた、店員も客も西アジア系の人ばかりで海外旅行をした気分になるいい店だ。東京では見ないような種類豊富なトルコケバブやトルコピザ、それに中央アジアから西アジアまで広く普及するスイーツ「バクラヴァ」(後述)が提供されている。

そのケバブイスタンブールで食事をしていると、店のオーナーがスレンダーな中東系の女性客に対して「オ姉サン! ビジネスヤリマショウ! 何デモ聞イテ! 僕ノトコ電話シテ!」と日本語で別れ際に叫び、対する女性は車を走らせる、というシーンに遭遇した。やはりこの土地でも日本語が共通語だ。

港区から西側を見ると、名四国道を三重県方面に西進し、日本一の金持ち村の飛島村(ここも外国人労働者が多い)を抜け弥富市に入ったところに、前章で紹介したパキスタン料理屋「インターナショナルビレッジ」がある。

田園地帯にぽつんと建っていて、その外観は工事現場あるいは活動家の拠点のような見た目の建築物にパキスタン国旗が掲げられているというもの。ショップも併設された本格派の店ながらも、日本人も利用することもあってメニューの日本語もわかりやすく日本人慣れしている一方、日本人慣れしているがゆえにパキスタン人と延々と茶をしばきながら話すというイベントはあまり発生しなさそうだ（これは「ヤシオスタン」と言われる埼玉県八潮のパキスタン人の店にも通じる）。

昼時になると南アジア顔の人が車に乗ってきてこの工事現場のような店に出入りする様子が見られるが、それもそのはず、弥富の沿岸には多数の中古車関連業者があるのだ。パキスタン人が得意とする中古車ビジネスの集まるところにパキスタン料理屋があるのは前章で説明した通りである。

ちなみにインターナショナルビレッジへの公共交通でのアクセスは近鉄蟹江駅から飛島村役場までバスが出ていて、飛島村役場からは歩ける距離にある。

インターナショナルビレッジ

愛知のモスクは他にもある。弥富市から北、名古屋市から西に行った津島市には、目視できる至近距離に巨大モスクが2軒あり、その非日常性に圧倒される。例によってストリートビューのタイムマシン機能で見てみると、いずれも以前はパチンコ屋であり、そのガワをベースにモスクを作ったことが確認できる。パチンコ屋の広大な空間を有効活用することで遮音性に優れ、礼拝する際に外部の音が邪魔にならないが、一方でエアコン代がかからないか心配だ。また、このモスクを紹介したテレビ番組『タモリ倶楽部』で、「イスラムではギャンブルは禁じられているが、一方で大地全て等しく清いということで、パチンコ屋の居抜きでモスクを作っても問題ない」と、このページ下部に写真を掲載した、アハマディア・ムスリム協会のモスク代表の霊主アニース氏は語っている。

ふたつの巨大モスクは個性が強い。ひとつは今紹介した、日本で唯一のアハマディア・ムスリム協会のモスク、もうひとつ

アハマディア・ムスリム協会のモスク

はイスタンブールを代表する観光名所であるモスクと同じ名前の、トルコ系の「アヤソフィア」だ。最寄り駅は名鉄津島線の青塚駅になる。

前者のアハマディア・ムスリム協会は「本部は現在イギリスにある。祖地はインドとパキスタンだが、海外宣教に成功し、現在はパキスタンよりも欧米や西アフリカで多くの信者を獲得、200カ国以上に信者がいる。彼等はインドからのパキスタンの分離独立の際にインドからパキスタンに集団移住した」と紹介されている。

津島にある本邦唯一のモスクに通う信徒については「信徒の多くは就労ビザを持つ。少数だが難民ビザ所有者もおり、日本国籍取得済の一家も複数いる。迫害を契機に1984年かそれ以降にパキスタンを離れた人々が全体の70%程を占め、在日年数は在日10~25年程度で30年を超える人もいるなど長い人が多い。国のルールを尊重しゴミ出しのルールを守るほか近隣とも

アヤソフィア

パキスタン料理教室を開くなどして、友好的につきあっている」という。関心のある人は訪問してみた上で、パキスタン料理教室を話題のひとつとして聞いてみてはどうだろう。

一方後者のモスク「アヤソフィア」はその名の通り、トルコ人向けのモスクだ。トルコ人向けのモスクがあるということは、トルコ人が集まるトルコ料理屋がある（逆に店の場所から「近くにモスクはありませんか？」と聞いてモスクを巡る方法もありだ）。

アヤソフィアから歩いていけるのは南に位置する「オットマンキッチン」だが、他にも「TRレストラン」「Turkish Kebab」などがある。オットマンキッチンはもともとは日本料理屋の居抜きだが、厨房もホールスタッフも客もみな南アジアとも異なるトルコ人であろう人ばかり。筆者が訪れた際には男性客が多かったが、日本のトルコ人は解体業で働いている人が多く、仕事での昼休憩で寄ったと思われる。

トルコ料理は中国料理・フランス料理と並び「世界三大料理」と言われる。この三大料理はそれぞれの国の歴史的な国土拡大により、様々な調理法が融合し、多彩な料理文化が発展したことからそう呼ばれる。つまりトルコ料理店では、中華圏とは全く違う料理が食べられる。

「トルコ＝キッチンカーのケバブ」というイメージが日本では強いかもしれないが、それだけではない。名古屋西郊の津島市やあま市のトルコ料理屋や、北郊の小牧市にもあるトルコ料理屋に行き、ケバブとピラフを使った料理や、トルコ風肉団子の「キョフテ」やデザート「アシュレ」などの未知の料理ばかりのメニューに悩み、トルコ人に囲まれながら「うまい……日本にはまだ知らないごはんがあるのだなぁ！」と感激してほしい。

トルコ料理で僕がすっかりはまってしまったのが、ナッツとシロップが作り出す激甘スイーツ、バクラヴァだ。味とビジュアルとエスニックな感じから東京でも店が増えてきた。

かくいう僕も最初は激甘に感じたのだが、食べるほどに慣れ、時々無性に食べたくなるほどのファンになってしまった。トルコ料理屋だけでなくウズベキスタン料理屋やイラン料理屋などでも見かけるので機会があったら頼んでみよう。

そんなバクラヴァの専門店が地元トルコ人も買い付ける「ベイザーデ・バクラヴァ」で、店に入ると様々な素材形状のバク

ベイサーデ・バクラヴァのバクラヴァ

ラヴァと「ポアチャ」をはじめとしたトルコパンがずらり。

関西本線で名古屋駅から4駅目の永和《えいわ》駅からすぐのところなので、名古屋に寄った際にはついつい永和まで足を延ばし、お土産として買っている。

名古屋の繁華街でフィリピン料理を楽しむ

名古屋周辺の、在住者数全国2位のパキスタン人やトルコ人向けの飲食店はかくも本格的だ。いわんや全国1位のブラジル・フィリピン・ペルー・インドネシアをや、である。

人口別で見ると最も多く、また愛知の外国人としてイメージされやすいのはブラジル人だが、名古屋の繁華街・栄《さかえ》で存在感があるのは意外にもフィリピン人だ。

「フィリピーノの子供はでけえんですよ！　ブラジル人の子供はもっとでけえんです。肉と豆と米を食べてればそりゃでかくなりますよ」。愛知県で国籍を問わず子供の教育に20年以上携わるAさん（匿名）は語る。愛知でサービス業をすると、フィリピン人やブラジル人は外せない。

「遠足みたいなイベントに行くでしょ？　いつぞや連れてった子供たちの中にいたフィリピン人の弁当は、真っ赤なウインナーがどーんと鎮座してるんですよ。普段野菜を食べないなとは思ってましたけど、弁当見て納得でしたわ」。逆にAさんは中国や韓国はあまり知らない。全く知らないというわけではないが、在住外国人の構成が東京や大阪とは様子が異なる愛知だけに、フィリピンやブラジルのほうが詳しい。

愛知県で中国人は少なくはない。しかし「名古屋名物台湾ラーメン」や「ベトコンラーメン」などの食のローカライズを行う名古屋において、中国料理もまたやたらボリュームのある「ラーメン＋白ご飯＋一品セット」を低価格で提供する台湾料理屋として展開されている（この手の店舗を台湾人が経営している可能性は低い）。

中国大陸の店舗が中国料理を提供するという店は東京や大阪に比べると極めて少なく、特に事情を知らなければ台湾料理と書かれた店を台湾人の作った台湾の料理屋と連想することから、中国人は住んでいるものの食での存在感がまるでないのだ。

したがって東京発の全国ニュースでの「ガチ中華が人気」といった話題を見たり、ツイッターなどのSNSで中国料理の食レポを上げたりしても、名古屋の人々は実感がなく蚊《か》帳《や》の外だ。

かといって名古屋でガチブラジル食堂やガチフィリピン食堂が盛り上がっているかというとそうでもない。Aさんは元々がフィリピン絡みの仕事をしていたため、名古屋でフィリピンをはじめとした外国料理に縁があった。

「池田公園に行けばわかりますよ」とAさんは言う。「池田公園」は名古屋一の繁華街「栄」から南東方向に位置し、同性愛者向けのフェスも行われる多様性のある地域にある公園だ。2020年のある日、その理由を教えてくれるかのようにAさんは僕を案内してくれた。

名古屋一の異国タウン池田公園周辺は、中国や韓国の店がちらほらとあり、それ以上にフィリピンの食堂や商店が何店もある。日本のフィリピンタウンについて「東（東京）の錦糸町、西の池田公園」と並び称されるそうだが、池田公園は錦糸町とは比較にならないくらい店が多い。

食堂では「カイビガン」「マサガナ」、商店では「サンレモン」「カバヤン（フィリピン弁当も提供）」「サリサリストア」「パパスマート」といった店がある。「カイビガン」は友達、「カバヤン」は同胞、「サリサリストア」は個人商店という意味だ。これらの店名は他地域でも使われており、グーグルマップで「カイビガン　日本」「サリサリストア　東京」のように検索すると各地のガチなフィリピンの店が見えてくる。

とはいえ名古屋を訪れるまで僕はフィリピン料理がそもそもあまりわからなかった。小岩でもフィリピンでも食べていたのは鉄板焼き「シシグ」ばかりである。あれはうまい。

「フィリピン料理ですか？　安心してください、バナナベースの料理もありますし、『パンシットカントン』という焼きそばもありますし、カントン（広東）の名前通り、基本どれもそんな辛くないですから」とAさん。

ある日の夜、フィリピン料理屋が1階と2階に入る「東京ビル」というところに行ってみた。1階は「ARISTOCRAT」、2階は「カイビガン」でどちらも食堂兼食材店だ。フィリピンパブで働いていそうな煌びやかな服装のフィリピン女性が休憩し、日本人男性を連れて食事をとっていた。電話がしばしば鳴り響いては、出前を行うフィリピン人がやってきて、料理を取ってさっと出ていく。ここでのフィリピン人のニーズは大きい。

どちらの店もメニューがなく、大学の学食のように既に出来上がって並べられたおかず系の料理を指差してオーダーするシステムだ。僕らがおでん屋のカウンターに座るような形で、「これとこれをください」と指を差して日本語でお願いするや、店の女性はご飯を盛り付けてささっとおかずをのせて渡してくれる。なるほど辛いモノでもピリ辛程度で、タイ料理やインド料理にありがちな汗を滝のように流して食べる料理はない。

フィリピン人は「ミリエンダ」なる間食の習慣があるそうで、お腹がすいたときにフィリピン料理をつまむそうだ。なるほどこれは体が大きくなりそうだ。こうした学食のようなオーダーの店を「カリンデリア（CARINDERIA）」や「トロトロ（TuroTuro）」と呼ぶ。意味は屋台のようなものだ。

出来上がったものを食べさせる業態が定着していることから、転じて土日には安いところで千円程度から食べられる格安食べ放題プランを提供しているフィリピン料理屋もある。これならば未知飯の宝庫をいろいろ試食できるので是非試してほしい。ここに挙げた横文字で画像検索すれば現地のカリンデリアやトロトロの様子がわかるし、その画像を見てAさんが語った「フィリピン人は野菜をあまり食べない」を確認するもよし、また「日本TuroTuro」で地図検索すれば日本に散らばる本場フィリピン料理を見つけることができよう。

ちなみに西の池田公園に対する東の錦糸町でも、フィリピンの店は充実している。まずはフィリピンの定番メニューが店名となった「タプシログ」という店がおすすめだ。「東京周辺に住んでるフィリピン人が買いに来るんですよ」というタプシログは、商店にあるまじき重厚な鉄の扉の先にあり、また西洋の風呂を想像させるようなタイルもあることから、もともとは風俗のお店であろうことが想像できる。メニューに書かれたフィリピン定番の庶民的な料理を選ぶと、料理と白ご飯をセットで盛り付けて持ってきてくれるほか、冷蔵庫からフィリピンで流通するジュースやしゃもじレベルの巨大練乳プリン「レチェフラン」をはじめとしたデザートを取り出して食べることもできる。

この店にはフィリピン人の買い物客がよくやってくるほか、大衆食堂の感覚で食事に来る人もいる。メニューはタガログ語でわからないものばかりだが、聞けば教えてくれるし、アルファベットのメニューなので名前を検索すれば食事の画像は出てくる。

また「Joy's Restaurant」をはじめとしたフィリピン人向けのカリンデリア形式の店もある。フィリピン料理でカリンデリア形式だとメニューはなく、既に出来上がったおかずがあるだけなので、そうだと気づいたら「これとこれください」といい、あとはジュースあるいは成人であれば「サンミゲル」や「レッドホース」といったビールを頼むといい。

こういった店はフィリピンパブ嬢が羽を伸ばす場所だけあり、タガログ語が飛び交って盛り上がるので気分はすっかりフィリピンだ。

これまで紹介した手法で地図検索すれば、日本全国にフィリピン料理屋が点在しているのが確認できる。池田公園や錦糸町のように都市の夜の街に構えるフィリピンパブ嬢の拠点となる店もあれば、郊外で小さく営業している店もある。

特に前者はフィリピン人の憩いの場と化しているので、カオスになっていることが多い。

浜松駅前にあるフィリピン商店兼食堂では、出勤前のフィリピンパブ嬢がペットの犬を連れてきてにぎやかな状態の中で、カリンデリア形式の食事を頂いた。フィリピン料理屋はフィリピン人がそうであるように、日本で食べられる異国飯の中でも明るくてカオスな店が多い。

フィリピン料理屋の中にはメニュー形式の店もある。おすすめメニューはまずはフィリピンで定番の鉄板焼きの庶民飯「シシグ」に、庶民的なデザートの「ハロハロ」だろうか。フィリピンの一大イベントクリスマスで食べる子豚の丸焼き「レチョン」は絶品なので、もしメニューにあって作ってもらえるようであれば試してほしい。

Aさんに思い出を聞いてみると「沼津（静岡県）にフィリピンの焼き肉を意味するイナサルという名の店があったのは驚きですね。喜んで入りましたよ！」と語る。日本でレアなフィリピン焼肉を食べに行く旅行もいい。

ハロハロ

1年以上、時々外食でフィリピン料理を食べるようになって気づいたのは、「フィリピン料理といえばこれ」というスター料理が不在であることだ。フィリピンの調理法は火を通して炒めるかドロドロにするというものが多く、中国料理やタイ料理やインド料理には存在する、まず覚えられそうな定番の料理が不在なのだ。未知の味で全くまずくはないのだが、食べた写真を見返すと、写真映えはいまいちしないB級料理が多い。

写真映えはしないがフィリピン人は店でも明るく、店に入ればアジア的な人間臭い旅行をしているような感覚になる。地方の出張先にフィリピンパブが多ければ、フィリピン人の休憩所になっていそうな「サリサリ」的、「カリンデリア」的なフィリピン料理屋を探すべく地図検索して見つけてみよう。夜にふらっと入ったら、運が良ければフィリピンパブ嬢の談笑や、その地域に住むフィリピン家族のパーティーのカオス空間の中で食事できるかもしれない。

新安城のユニークな異国飯をハシゴして世界旅行気分

ところで池田公園周辺にはフィリピン料理屋やフィリピン食材店のほか、中国、韓国、タイ、トルコ、ブラジル料理屋がある。ブラジル料理屋「イパネマ」はブラジル人が多く利用している店なので、パーティーに遭遇すればブラジルの生歌も飛び交い、異国感を楽しむことができよう。

ただブラジルの商品を買ってブラジル料理を食べるというエンタメを求めようとすると、名古屋から離れたほうが面白い。愛知県内のブラジル人は、「愛知　ブラジル料理」で検索するとわかるが、名古屋だけでなく豊田、豊橋、小牧、知立《ちりゅう》、安城《あんじょう》など各地に分かれて住んでいる。名古屋市内では地下鉄名港線「東海通《とうかいどおり》駅」から行ける「九番団地」がブラジル人団地として有名だが、ブラジル料理屋の代わりにベトナム料理屋が入るなど世代交代が進んでいる。

安城といえば、三河安城駅のほうが新幹線の通過駅として有名かもしれない。

「……ただいま三河安城の駅を定刻通りに通過しました。名古屋へはおよそ後10分で到着いたします……」新幹線のぞみやひかりで名古屋に向かうと、こんなアナウンスをよく聞く。(ああ、もうすぐ名古屋に着くんだ)と名古屋で降りる人は特に思うことだろう。かつての国民的番組「笑っていいとも!」の、百人の観覧者を対象に1人だけ「はい」と答えるアンケートを出すコーナーで、「三河安城で下車したことがある人」というアンケートを取ったところ、見事1人だけが下車したことがあると答えた、というシーンを思い出す。

そんな通過駅の印象が強い三河安城のある安城市が、ブラジルだけでないとんでもない異国タウンだとは思いもよらなかった。

安城市の中心駅は三河安城ではなく、ＪＲ東海道本線の隣駅安城駅である。続いて名鉄本線の特急停車駅である新安城駅が栄えていて、その3駅をコミュニティバスが繋いでいる。このうちの新安城駅周辺がとんでもない異国タウンなのだ。

まずは新安城駅の南側を歩く。年季の入った「新安城ビル」のタイマッサージ屋の部屋のベランダからはためくタイ国旗を越えてイトーヨーカドーのほうに進んでいくと、モスク「新安城マスジド」があり、それを囲むようにアジアンな店が何店も見えてくる。

インドネシア食材店「アジアンハラルフード&グッツ」、インドネシア料理を提供する「アルアミン」「プランギ」に加えスリランカ料理屋「スリランカレストラン」とバングラデシュ料理屋「マディナ」がある。いずれの店でもインドネシア料理を提供し、プランギを除いて各国の食材を販売する食堂内商店を併設する。スリランカ料理屋にはコンビニのから揚げ用保温ショーケースがあり、その中にはスリランカのおにぎり的な携帯食品が売られている。余力があればこれもつまんでいこう。

さらに進むとベトナム食材屋があり、それを越えたところにペルー料理屋「デラコンチヤ」が見えてくる。

ローカルのインドネシア人向けの店がこれほどまでにあるのが新安城の魅力のひとつ。安城市の南側に位置する西尾市も、インドネシア人向けの商店や食堂やインドネシアのねばらない納豆のような発酵豆食品「テンペ」工場があり、インドネシア人向けモスクもある。

モスクは学習や相談の場でもあるため、同じムスリムでも母語で聞けるモスクのほうが嬉しいわけで、インドネシア人は自然と集住する。安城市から北に行った豊田市にも郊外にインドネシア人向けのモスクやレストランがあり、「GARUDA AND SUDI MAMPIR」には仕事帰りのインドネシア人が多く集う。おそらく場所柄トヨタ関連企業で働く人が多いのだろう。

一方国道1号がある新安城駅の北口を見ると、左手（北側）にはなんとも渋いインド料理屋がスパイスの香りを振りまいている。その先にはブラジル食材店「ブラジリアンフーズ」があり、

スリランカレストランのホットスナック

さらにその先にはブラジル料理の食べ放題の店「サンパウロ」がある。

右手にはドン・キホーテがあり、ここでも外国向け食材が多数売られている。新安城駅から西へ進み隣駅の牛田駅に向かっていくと、日本最大のブラジル人団地のひとつ「知立団地」がそびえたつ。知立団地の中心にはブラジル軽食の「Cafeteria Familly」があり、ポルトガル語を話す子供が小腹満たしにやってくる。団地の外にはブラジル料理屋「Cheiro verde chiryu」や、ブラジルのスナックやジュースや酒が飲める「Nosso Lanche」がある。

つまり新安城に行けば、ブラジル料理の食べ放題やペルー料理を食べた後、スリランカ料理屋でスリランカ弁当を持ち帰り、ブラジル商店やインドネシア商店で気になる食材や日用品を買い、ちょっとインドネシアのデザートを食べて休憩し、ブラジルの酒場でブラジル人のポルトガル語が飛び交う中でスナックをつまみながらブラジルの定番酒「ピンガ（カイピリーニャ）」を飲むという世界旅行ができてしまうのだ。

東京の新大久保や大阪のミナミをはじめとした多国籍地域とは全くといっていいほど異なる国籍の人々が集まる新安城は、東京や大阪での異国飯に慣れ切った人にとって「こんな場所があったのか！」と驚きと新鮮な情報を与えてくれる。異国飯好きであれば一度は足を運ぶことを強くおすすめする。

愛知でブラジル移民の歴史と多文化共生を味わう

ブラジル人は、先ほどのAさんの発言でも出てきたが身体がでかい。そしてブラジリアン柔術やサッカーなどで活躍する人がいる通り、フィジカルがすこぶる強い。これにはブラジルの食事が影響していて、それらは日本で食べられる。

ブラジル料理といえば、まず肉の串焼き「シュラスコ」が有名だろう。でもこれは高級で、愛知をはじめとしたブラジル料理店の中でもシュラスコ食べ放題の店はちょっと高い。日本初のブラジル食材専門メーカー「ラテン大和《やまと》」によれば、もうちょっと気軽なメニューとしてフェイジョアーダがある。黒豆と肉を煮込んだシチューをご飯にかけて、さらにその上にキャッサバを使った肉のふりかけ「ファロッファ」をかけたものだ。ブラジル式生ソーセージ「リングイッサ（linguica)」やステーキやカツにファロッファをトッピングし、豆を煮込んだフェイジョンをスープとしてつけるメニューが基本だという。辛くないので辛いのが苦手な人も食べやすいが、体がマッチョになるほどにボリューミーだ。

ブラジル人に豆と肉のニーズがあることから、ブラジルスーパーでは黒豆が山のように積まれて売られている店さえある。また肉を見れば鮮肉スペースがあるほか、冷蔵庫には様々な味の蚊取り線香のように巻かれたソーセージ「リングイッサ」がある。

他にもファロッファや駄菓子のような気軽に買えるお菓子や、温めるだけでいいフェイジョアーダをはじめとしたインスタント食品や、ミスタードーナツでおなじみもちもちな「ポン・デ・リング」のチーズ味「ポンデケージョ」、それにガラナ系ジュースや酒が並んでいる。

それだけではなく現地の化粧品やクロスワード本のようなポルトガル語のパズルゲーム、それに店によってはブラジル人向けのおもちゃやアクセサリーが売られている。日本のサブカル好きな僕のブラジル人フォロワーが見ても、「どう見てもブラジルと一緒！」と驚くくらいの再現度である。

石のような黒豆は柔らかくするために圧力釜に長時間かけないといけないので、最初に店に入るときには簡単に食べられるリングイッサやインスタント食品、酒が好きならまだ見ぬブラジルの酒を買ってみてもいい。気軽に買うならまずはジュースやレジ近くの駄菓子、それにポンデケージョをひとつ買ってつまむだけでもいい。

ところで日本におけるブラジル人の歴史は長い。19

ブラジル店舗でバリエーションの多いリングイッサ

80年代末に日本は好景気で深刻な人手不足となり、外国人労働力に対する雇用拡大の需要が高まって、出入国管理法の改正により日系2世や3世らの就労が認められた。それを受けて90年代にはブラジルやペルーなど南米から多くの人が出稼ぎに来た。近年の労働移民の先駆けであり、アジア諸国の労働移民がどうなっていくのかの未来のヒントが、南米でも最も多いブラジル人のコミュニティにある。

『ブラジル人と国際化する地域社会——居住・教育・医療』（池上重弘）によれば、日本への出稼ぎを指し示す「デカセギ（dekassegui ないし decassegui）」という言葉がポルトガル語の中でも定着するほど、日本で働くのはよくあることだった。非日系の外国人であっても、配偶者が日系人であれば「定住者」としての在留資格が付与される。「日本人の配偶者等」ないし「定住者」の在留資格を持つ者は、「永住者」同様、あらゆる職種に合法就労することができたからである。

愛知県と並んでブラジル人が多く住む静岡県浜松市では、日本人経営の酒店が最初にブラジル食品を置き始めたが、のちにブラジル人自身が経営するブラジル人向け店舗が浜松駅前にオープンし、食材や新聞・雑誌・書籍、それにブラジルから輸入されたCDや洋服が売られるようになったという。

ブラジル人やペルー人は他国の人々よりも早くから日本で暮らしているが、92年と96年に浜松駅周辺数カ所でブラジル人やペルー人に対して「帰国意思はあるか」という面接調査をしたところ、92年調査で71％、96年調査で67％が「帰国を考えたことがない」と回答した。その理由として「日本が不況下で貯蓄が進まない」「ブラジル本国の治安が悪化し帰国後に強盗などの被害にあう」「ブラジル帰国後のビジネスの失敗例が多い」が挙がった。

またブラジル人の16歳未満登録者率は、92年に11％だったのが01年には20％に上昇した。つまりは子供を伴った家族での日本滞在が進んだのだが、この結果、各地の日本人と言葉の壁、文化の壁に起因する様々な障害、戸惑い、摩擦が生じるようになった。日本は貧しくなっても母国よりは治安がよいので、子供や家族を呼んで暮らそうという流れが当時あったわけだ。

モノづくりの盛んな愛知県で、日系ブラジル人をはじめとした南米出身者が急速に増えていった。愛知県でもブラジル人が特別多く住んでいるといわれた豊田市にある保見《ほみ》団地は1987年よりブラジル人住民が居住をはじめ、1997年には2千人程度が住むまでになった。日本人住民とブラジル人住民の関係は良好な状態が続くこともあれば、ゴミ出しを守らないといったことや暴力事件や窃盗事件があって不信感が募る時期もあった。

これはブラジル人が仕事のために日本国内だけでなく世界中を比較的よく移動し、必ずしもその地域に溶け込むことを最重要視するとは限らないことが背景にある。30年以上の縁があろうが、地域に溶け込むブラジル人もいれば日本語が話せず溶け込めない人もいる。老舗の店もあれば、できたばかりの居抜きのブラジル商店やブラジル食堂もある。

となるとアジア系移民が増える将来の日本を想像しても、日本語ができる人は増えつつも、ニューカマーは当然新たにやってくるし、語学が発達せず同胞とだけ話していて日本に慣れない人も生活することになるのだろうなと愛知などの南米系店舗を見て思うところ。前向きに考えれば、バーチャル外国旅行が味わえる店は未来永劫ありそうで、それはそれで嬉しい。

外国人労働者の先駆けとなったブラジルやペルーの日系人が多い都市での多文化共生について都市間で情報交換する「外国人集住都市会議」というのがある。2001年から開始し、2020年現在の会員都市は、群馬県太田市・大泉町、長野県上田市・飯田市、静岡県浜松市、愛知県豊橋市・豊田市・小牧市、三重県津市・四日市市・鈴鹿市・亀山市、岡山県総社《そうじゃ》市になる。2010年代中盤から「アジア系住民が急増しているが、これまでの南米日系人主体の対応では追いつかなくなっている（日経新聞、2018年5月28日）」という報道があることから、外国人集住都市会議の会員都市は、南米系住民が多い都市だといえるだろう。

現に群馬県大泉町（最寄り駅は東武小泉線西小泉駅）はブラジリアンタウンとして、また多国籍料理が食べられる都市として、町おこしをしている。ともなると日本人慣れする店もあるのだが、一方で大泉町内でも目立たないブラジル食堂やペルー食堂は日本語が通じないなど、外国旅行の雰囲気満点の店もあり初心者から上級者までお勧めできる町だ。

１９８０年代後半から日本に住んでいるブラジル人から、近年急激に増えてきている在日移民の未来が予想できるが、お互い相互理解が進んでいくかというと難しい。

考えてみれば中国に在住する日本人の中には30年選手もいるが、一方で新たに中国に進出する言葉のわからない若者もいる。外国人が長く日本に住むからといって、全般的にだんだんと改善するかといえば、そうは簡単に進まない。時代ごとに新しい関係を築いていくほうがよさそうだ。

ただ全く進歩がないかというとそうではなく、システム面では相互理解の仕組みが整備されてきていて、例えば特にブラジル人の多い地域では日本人と外国人がともに暮らす「多文化共生」の取り組みが行われている。その他にもそれなりに外国人住民が多い地域では、日本語が不十分で話せない学生がいるので、その解決のために「多文化共生モデル地区」を策定し、対象の学校で外国人学生向けに日本語教室を開講している自治体がある。

そこで「(自治体名)　小学校　多文化共生」で検索すると、自治体が行っている多文化共生重点エリア、つまり外国人が集住するエリアが見えてくる。そしてそのエリアを歩けば外国人向けのリアル商店やリアル食堂がある。

例えば愛知県の東端「豊橋市」で、「豊橋　小学校　多文化共生」で検索すると、豊橋を走る路面電車「豊橋鉄道市内線」の終点「運動公園前電停」のあたりの学校が見つかり、グーグルマップでそのエリアを表示したうえで「外国料理」と検索すると、ブラジル商店やブラジル食堂に加え、フィリピン商店も見えてくる。

地球の反対側のペルー料理が日本人にも食べやすい理由

ペルーはブラジルと一緒に南米日系人とひとくくりにされがちだが、両国の場所は実は遠く離れていて、食事も結構異なる。

やはり愛知県にはそれなりにペルー料理店がある。グーグルマップで「ペルー料理」で検索する方法もあるが、在東京ペルー共和国総領事館のスペイン語ページにある

「Gastronomia Peruana（ペルーの美食）」と書かれたコーナーに、ペルー大使館お墨付きの日本全国のペルー料理屋一覧がある。ペルー人向けの情報なので、都内の高級店から各地の庶民的な店まで揃っている。

愛知もそうだが、群馬県伊勢崎市や神奈川県の川崎市と横浜市鶴見区、それに同県愛川町に何軒かあって面白い。それを参考にしつつ、ガチペルーを求めてグーグルマップでスペイン語のレビューしかないような店を探してしまう（駅近くや大通り沿いではなく住宅地にぽつんとある）。

店に入るも、店員とも客とも日本語が通じず英語すら通じず、「あれと同じものください」と指差しながら笑顔でオーダーし、外国人労働者が喋りながらもそもそと食事する空間で食べるペルー飯というのは実にたまらない。稀《まれ》にやってくる「宅配便でーす！」というネイティブな日本語が混沌を深める。ともかくペルー人労働者は30年以上日本に来ているが、日本語が通じないところはまだまだある。

さて、ペルー料理の代表は牛肉のトマト炒め「ロモ・サルタード」に魚介のマリネ「セビーチェ」、それにローストチキンなどだろうか。地球の裏側の料理ではあるけど、距離とは対象的に日本人には食べやすい親しみのある味だ。

まだペルー料理を知らなかったときに、メニューから食べやすそうなご飯モノ「チャウファ」(chaufa) なるものを注文し、大盛りのそれをもりもりと平らげたことがある。これは名前の音の通りチャーハンから転じたもので「なんでペルー料理屋まで来てチャーハンを……」と嘆いたのだが、食べてみたらまんざらでもなかった。

ペルーでは奴隷制度廃止後の19世紀に労働者が必要となり、アフリカ系の人々に替わり広東省南部出身の中国人が移民としてやってきた。彼らが母国の中国料理を再現したのがペルーの「チーファ」(Chifa) であり、ペルー風チャーハンがチャウファなのだ。しかも調味料として使われるのが、日系人が立ち上げたKikkoというブランドの、醬油のようなシジャウ (Siyau)。なるほど違和感がない外国料理なわけだ。

地球の反対側まで巡った中国料理を食べにペルー料理屋に行くのもいい。またブラジルスーパーではシジャウなどのペルー食材も売っているので、家でシジャウを使った料理を試してみると新鮮だ

ロモ・サルタード

ろう。

ブラジルスーパーはブラジルのもの以外も扱うことがあり、店によっては「ポルボロン」なるお菓子も売っている。よく言うとやさしく、悪く言うと壊れやすい白いクッキーだ。もともとはポルボロンはスペイン発祥だが、遠く離れたフィリピンでも大衆的なスイーツになっている。

またフィリピンショップで売られているソーセージ「ロンガニーサ」(longaniza) はスペイン語圏で広がるチョリソー系のソーセージで、先ほど紹介したブラジル商店で売っているソーセージ「リングイッサ」ともつながりがある。

フィリピンショップにはたまにフィリピン人の子供たちに人気のインスタントチョコレート粥が売られているが、これはもともとスペインの貿易船に乗ったメキシコの商人が持ち込んだ、メキシコのとうもろこしの粉を使ったチョコ製品「チャンプラド」を米に替えたものだ。フィリピン屋で売られるコンデンスミルクを使ったしゃもじ大の大きさのお手軽スイーツ「レチェフラン」の「レチェ」はスペイン語で牛乳の意味であり、ブラジルやペルーの店でたまに似たメニューを見るし、もとを正せばスペインに起源がある。

愛知など東海圏で目立って多いブラジル人、ペルー人、フィリピン人の料理はつながっていて、その食材はブラジルスーパーでカバーしている。その背景をたどると植民地時代までさかのぼる。これらの国の宗主国であったスペインやポルトガルからの影響がこの3カ国の食文化に及んでいたのだ。

さらにフィリピンはパンシットカントンなどで、ペルーはチーファやチャウファで中国とも繋がりがある。さらにAさんと新安城のインドネシア料理屋で食事したときには、テーブルにやってきたインドネシア料理の数々を見て「ルンピア（春巻き）はフィリピンにも中国にもありますし、ミルクフィッシュの魚も共通していますし、インドネシアの料理はフィリピン料理に似てますすねえ……！」という話になった。

沖縄の先、台湾の南にはフィリピンがあり、そのすぐ南にはインドネシアの島々がある。歴史的地理的な要因が愛知県でぴたっとはまった。愛知県では西アジアをカバーするトルコ料理だって充実している。

東京の新大久保や池袋や上野などがオールアジアの異国飯なら愛知は地球を巡る異国飯だ。愛知県の外国飯、恐るべしである。

column 4

日本のフィリピン・南米系ショップのおすすめグッズ

地球の裏側の食材を売るブラジル商店は、その多くがペルー食材やフィリピン食材も販売する。本文ではブラジルの雰囲気が味わえる場所として名古屋や新安城を紹介しているが、東京では五反田駅前のブラジルとペルーの総領事館の入ったビル内に、また東京から少し足を延ばして横浜の鶴見駅から南に行ったリトル沖縄地区にも小規模なブラジル商店がある。また関東では東武伊勢崎線で一路北へ進み、群馬の西小泉まで行くと大規模なブラジルスーパーがある。

店には調味料やインスタント食品が置かれた棚や、冷蔵庫や冷凍庫の棚とは別に、パン売り場、精肉売り場、駄菓子売り場、口紅などの化粧品売り場、ポルトガル語のパズル本などが置かれた本売り場が別にあるのが特徴で、店によってはブラジル人向けのポルトガル語のゲーム類やおもちゃ類を販売している店もある。また日本の他国向けの食材店と異なり、工場での求人情報がよく掲載されているのが特徴だ。

日系人が多いので見た目は日本人に近い人も少なくないが、ブラジルやペルーで育ってきただけあり、日本人と接するときは日本語で話しても、店員や客が話すときにはポルトガル語やスペイン語が飛び交う。

冷凍食品が持ち帰れる状況であれば、まずは渦巻状の生ソーセージ「リングイッサ」を買いたい。日本のスーパーでは買えない、燻製《くんせい》していない独特な美味しさのリングイッサが、日本のソーセージに比べて格安で購入できる。小さい店だろうが様々な味のリングイッサが冷蔵庫で売られているので、買い物のたびに別の種類のものを買って食べると味が異なり新鮮だ。渦巻状で決まったサイズ毎に切り落としやすい作りになっているので、食べる分だけ切ってリングイッサを焼けばいい。10等分程度になっているが、そのうちのひとつを食べるだけでもひとり1食分の肉量としては十分のサイズだ。

フィリピンの店ではロンガニーサとして売っているが、売っている店は少ないのでまずはブラジルのリングイッサを狙おう。肉と一緒にファロッファと呼ばれる肉にかけるキャッサバのふりかけも買っておこう。リングイッサにかけるだけでなく、普通の焼肉にも使えて肉料理の幅が広がる。調味料ではペルー醤油「kikko」も試しに買ってペルー式醤油料理を家で作ってみたい。

ブラジル飯というとボリューミーなのだが、温めるだけで食べられるフェイジョワーダをはじめとしたブラジルのインスタント料理が缶やパウチで売られている。こちらは巨大なリングイッサに比べれば1、2回分程度で消化できコンパクトだ。外食程度の価格だが、ブラジル異国飯が家で食べられるということでとりあえず買ってみて家ごはんにメリハリをつけるのもいい。

インスタント食品では、お湯を入れるだけでできるマカロニスープなども売られている。また「太陽のマテ茶」で知られるマテ茶などのティーバッグや、ペルーのシナモンティー、ブラジルのインスタントコーヒーなども売られている。家の飲み物のバリエーションを増やすならば、これらの飲み物は確保しておきたい。

ジュースの陳列を見てみれば、南米ならではの「ガラナ」や「フナダ」や「インカコーラ」といったガラナ系飲料が売られている。店によってはペルーのトウモロコシジュース「チチャモラーダ」を売っていることもある。フィリピンのカラマンシージュース缶が売られていたら、誰にすすめてもおいしいと好評なのでぜひ買ってほしい。

ジュースと並んで気軽に買えるのが、もちもちチーズパンの「ポンデケージョ」などのできたてのパンや、ビスケット類の菓子やレジ近くに置かれる駄菓子だ。いずれもひとつ数十円から数百円程度で売られているので来店記念に買っていくのもいい。駄菓子は日本の駄菓子屋同様様々な種類のものが売られていて、しかも店ごとに違うことがあり、店に行くたびに新たな出会いがある。

僕がたまたま買ったはちみつやコンデンスミルクの小袋は数十円から百円で買えるもので、ブラジル人のツイッターフォロワーはこれを見て「子供の頃よく食べた。めちゃうまいんだよお!」と思い出を語ってくれた。駄菓子を買うだけでもブラジル系の人々と話すネタが増えるのだ。

ブラジル商店にはイートインを併設した店が多いので、ジュースや軽食を買ってまったりするのもいい(五反田の店は残念ながらできない)。またレジ近くのホットコーナーでは、庶民的な軽食で様々な具を生地で挟んで揚げた「パステウ」などの揚げ物を売っている店もあるが、流石ブラジルスケールとでもいおうか、これがまた食べると満腹になるボリュームだ。

是非クリスマス前の12月にも一度店を訪問したい。この時期、イタリア由来で南米北米に普及している、「パネトーネ」というクリスマスや新年を祝うための甘いパンが山のように積まれて売られている。大小サイズが用意されているが、やはりそれなりにボリュームはありつつも手頃な価格で買えるのだ。

多くは輸入品だがリングイッサとパンは輸入ではなく、ブラジル人が多い神奈川県央、岐阜県美濃加茂、静岡県浜松などで作られていることが確認できる。南米の日系人が日本に拠点を構え30年、ブラジル人向け商品は日本で作られるようにもなった。

ブラジル商店ではフィリピンの商品も売られている。フィリピンならではのものは、まず食事系では鉄板焼き「シシグ」の缶詰や、「チチャロン」と呼ばれるコラーゲンたっぷりの豚皮菓子、それにインスタントラーメンや「パンシットカントン」などのインスタント焼きそばあたりをおすすめする。

B級感あるパッケージデザインのお菓子も妙に充実している。また甘い食事も充実していて、朝食に食べられるチョコ粥「チョコレートチャンポラード」や、それにスペイン発祥のケーキ「ポルポロン」や「レチェフラン」あたりはあれば買っておきたい。お酒好きならフィリピン系では「サンミゲル」や「レッドホース」といったビールがあり、ブラジルやペルーならワインをはじめ様々なお酒が売られている。

ブラジル・ペルー・フィリピン食材店の買いたい商品を考えてみると、他の食材店に比べても結構ある。地球の裏側の食事ながら辛すぎはせず、それほど日本人に違和感のない味の食材が多いのだ。またこうした店ではヨーロッパのオシャレなお菓子からアジアな食品まで、様々な食文明が詰まった食材が庶民価格で売られている。ブラジル・ペルー・フィリピン食材店の隠れた魅力といえよう。

おわりに

ここまで日本各地に存在する異国街を見てきたが、異国街はいつ訪れても変わらずそこにあり続けるわけではない。社会や時代の変化を受け、様変わりするケースも数多い。

終章では変わりつつある街の例として、在日米軍と新型コロナウイルスの動向に左右される基地の街「福生《ふっさ》」、産業構造の転換によってブラジル人移民が激減しつつある「塩尻」、区画整理によって店の移転や閉店が相次ぐ「小岩」を紹介し、異国街の未来についても考えたい。

基地の街「福生」の米兵メシ

「米軍がコロナのせいで外出規制していて、軍人さんも軍人目当ての女性も来ないんですよー」。ブラジル料理屋「南米食堂」の店内で、すっかりやみつきになったブラジルの酒「ピンガ」を飲み、お菓子プライスのチーズパン「ポンデケージョ」をつまみながらオーナーとまったり話す。なにせ普段は忙しそうなこの店に誰もおらず、貸し切り状態なのだ。「ブラジルのこの歌手、おすすめですよ、聞いてみます?」オーナーはそう言っておすすめの音楽を再生してくれた。店に設置されたいくつものテレビからブラジルのミュージックビデオが流れている。

それまで何度か通りかかったことがあったが、通るたびに遠目で見てもガタイの大きな人々が集まって盛り上がっていて、何も事故は起きないとわかっていても雰囲気にのまれて入れずにいた。それが新型コロナウイルス感染拡大を受けて米兵が来なくなり、店から客がいなくなった。2022年1月、新型コロナウイルスのオミクロン株が、実質ノーチェックの米軍基地で広がった後の話だ。

ここは東京都「福生市」の、青梅線福生駅と八高線東福生駅の間に位置する場末の飲食店街。人口5万6千人と東京の自治体としては人口は少なく、外国人の絶対数もまた少ないが、西東京きってのカオスな飲食街として知る人ぞ知る場所だ。

表玄関として基地に隣接する国道16号線沿いに、まるで妄想ハワイのようなアメリカンな店が並ぶ。中には日本円がほしい米兵から不要な品を買い取る中古屋「グッドキングス」といった基地の街ならではの面白い店もあるが、その多くが日本人観光客向けにアメリカナイズされた雰囲気のある店だ。嫌味抜きに「ちょっと外国っぽいところに行ってみようよ」と誘って行くのに無難な場所である。

一方、南米食堂などがあるややハードルが高い夜の歓楽街には、店舗数は少ないながらもタイ料理屋数店舗に加え、フィリピン料理屋、ネパール料理屋、ブラジル料理屋、ペルー料理屋、韓国居酒屋、トルコケバブ屋、さらにはタイの食材店にタイマッサージ屋、南アジア食材店など様々な店が密集する。

グーグルマップで見ると、日本語に翻訳された外国語のレビューばかりが集まるリアル外国店も少なからずあるが、コロナ禍の最中とあって南米食堂に限らず多くのリアル外国店が閉まっていたり客がいなかったりと寂しい。

オミクロン株でお得意様の米兵が来られなくなり、人影まばらな軍事の街。フィリピンの店でも入ろうかと思うも閉まっており、開いているのはタイの店と南アジア食材店だけだった。

しかしそんな街の静まり返った空気とは関係なく、中心から外れた福生駅から東福生駅の間にベトナム系店舗はあり、コロナが少し落ち着いたときと変わらず営業していた。特に福生駅と東福生駅を繋ぐ「富士見通り」の東福生駅側には手作り感のある内装のベトナム系店舗が何店も入ったビルがあり、それぞれの店のベトナム人店員が片言の日本語でゆるいサービスを提供している。ふらりと店を利用すればベトナム小旅行気分だ。

また中国系の店も変わらず営業していた。中でも福生駅前の西友《せいゆう》の後ろにある、一見すると居酒屋のような中華食材屋は、居抜きで入った居酒屋の内装そのままでカウンターやガラスの寿司ネタケースや客席の上に中華食材の商品をどかどかと置いたり上からぶら下げたりして販売する商店となっており、外国人の自由な発想に驚かされた。ベトナムや中国の店は米軍の状況とは関係なく周辺の同胞ニーズに応えて営業していた。

福生駅周辺にもリアル外国料理屋は多い。福生市の南端の乗換駅で知名度が高い「拝島駅《はいじま》」には駅前にモスクがあり、それを囲むようにネパール料理屋が何店もある。また福生駅の隣の「羽村駅《はむら》」や「小作駅《おざく》」周辺には、日野自動車の工場をはじめとした「西東京工業団地」があることから、そこで働く人々を支

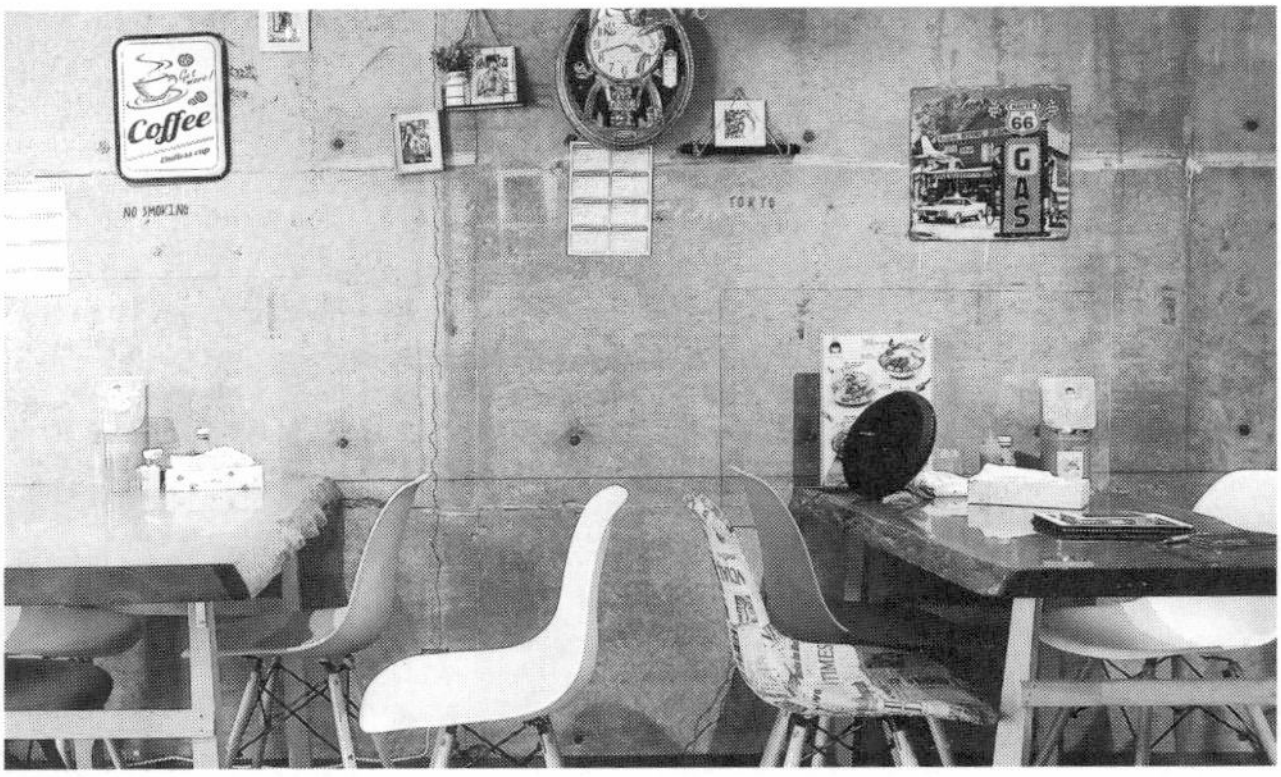

福生のベトナムレストラン

えるフィリピン料理屋やペルー料理屋やネパール人によるインド料理屋が充実している。

地元の外国人が利用するため、未知飯もさることながら同胞の客が入店しては外国語の会話が飛び交うのも刺激的で、五感で楽しめる店ばかりだ。基地＋工業の拝島・福生・羽村・小作がある青梅線沿線は、東京西部でも屈指のリアル外国飯エリアなので、一度足を運んでみてほしい。

存亡の危機の塩尻ブラジル飯

2021年末、長野県塩尻市に向かった。塩尻駅は、東京を横断して山梨県や諏訪湖のあたりまで通る中央東線、名古屋からの中央西線と、松本や長野に行く篠ノ井《しののい》線、伊那谷《いなだに》の伊那や飯田に行く飯田線が交わり鉄道の要衝となっている駅だ。

この塩尻から松本方面に向かった1駅先に広丘《ひろおか》駅という駅があり、駅から近くにブラジルスーパー「ABCブラジルマート」がある。東京と名古屋の間を移動するのは新幹線が一般的だが、中央線経由でも行ける。塩尻にブラジルスーパーがあるので、東京から西に向かうついでに塩尻で降りて、ブラジルスーパーで休憩しようと思ったのだ。

中央線沿線といえば、途中の八王子もそれなりに異国飯がある。まずは八王子で途中下車してグーグルマップで「外国料理」と検索し、軽く異国飯で腹ごしらえしてから山梨や長野方面に行くのもいい。

例えばインドネシア料理屋「Kuta Bali Cafe」はインドネシア人にも人気の店でおすすめだが、このときはエジプト料理屋「アブドゥさんのごはん」でエジプトの庶民飯「コシャリ」を買い、異国飯駅弁を片手に松本行のあずさに乗り込んだ。

コシャリはご飯にパスタ、マカロニ、豆、フライドオニオンを混ぜたものの上にトマトソースをかけた炭水化物ベースの料理で日本人にも食べやすい。流れる山梨のブドウ畑の景色を横目に異国の未知飯弁当を食べると、移動が一層新鮮で楽しいものになる。

電車に揺られてやってきた広丘のＡＢＣブラジルマートは、日本のブラジル店舗によくある、ブラジル系商品が買えてブラ

アブドゥさんのごはんのコシャリ

ジル軽食が食べられるイートインの店だ。入口にはラミネート加工されたポルトガル語の求職情報や企業担当者の名刺、それにフリーペーパーが置かれている。テーブルを囲んで軽くつまみながら談笑したり、求人情報を探したりすることができるわけだ。

食材が売られているだけでなく、おもちゃに食器に古本に化粧品や日用品、それにリオデジャネイロの丘の上で腕を広げた有名な「コルコバードのキリスト像」の模型の組み立てキットもあり、今まで見たどのブラジル商店よりも生活感のある店だった。

そして、ポルトガル語の古本の在庫量は他のどの店よりも多かった。劇画風の絵が表紙に描かれた小説や漫画、レシピ本やブラジル向けワードパズル本が多数売られていて、全く読めない本を前に、外国の書店に入ったかのように立ち尽くしてしまった。見たことがないものばかりで何を買っていいのか見当も

ABC ブラジルマートの店内

つかない。この感覚を得られただけでも塩尻に来た甲斐はあった！　とひとり盛り上がる。

ならば塩尻在住のブラジル人はさぞたくさんいるのだろう。店には日本語が片言のおじいさんと日本語の話せる男性がいた。牛肉の串焼きとガラナジュースを頼むついでに、塩尻のブラジル人事情について聞いてみると予想外の回答が返ってきた。

「20年前はたくさんブラジル人がいたんですよ。今はもうブラジル人みんな帰国するか群馬とか愛知とか、別のところにいっちゃった。日本人紹介してください（笑）」と店員は苦笑いで話す。

ブラジル人が全ていなくなったわけではなく、店にブラジル人客は入ってくるし、長野県や山梨県の求人情報もあるので見に来る人もいるのだろうが、昔よりはかなり減ったに違いない。そう思って「ブラジル　塩尻」で検索すると、塩尻のブラジル人社会が一大転換期であることを知る。

塩尻の広丘には2021年まで長野県内唯一のブラジル人学校「コレージオ　ロゴス」があった。信州の地域紙『市民タイムス』によると、同校は2003年に開校したようだ。最大55人の子供が通った時期もあったが、21年には生徒が減少し、塩尻市内外の幼児や小中学生、高校生計17人が在籍していた。また同記事を要約すると「長野県国際化協会によると、2008年には県内にブラジル人学校が10校（在籍約550人）あった。景気低迷でブラジル人が家族連れで帰国したり県外に移住したりして経営難での閉校が相次ぎ、2018年にロゴス1校となった」とあり、「多くの子供の家庭は、帰国または、ブラジル人を雇用する事業所が多くブラジル人学校もある群馬県や愛知県、静岡県への移住を検討している」と書かれている。男性店員の、これからどうしよう、とも見える微妙な笑顔の裏にはこんな事情があった。

古本が山のように扱われているのは昔そこに人が住んでいた証だ。実はこうした経験は僕自身、中国で見てきた光景だ。

僕は2002年に雲南省昆明に留学しつつライター稼業をはじめた。このとき昆明には数百人単位で日本人留学生がいて、学生街は日本人だらけだった。バックパッカー（個人旅行者）が雲南省を気に入り、物価も安いので留学しながら滞在しようという人を僕以外にもよく見かけた。

しかし反日デモや大気汚染や毒餃子や段ボール肉まんといったニュースに加え、日本人の所得が少しずつだが減っていったこともあって留学生が消えていった。知り合った日本人とご飯を食べようとしても、「予算がないので安いのでお願いします」とよく言われるようになった。2010年代には昆明で若い日本人留学生が5人しかいないという状況になったと聞いた。

そうして日本人留学生がまったりと集まっていたカフェには、当時持ち込まれた小説や漫画が山積みになって眠っている。日本人バックパッカーにとって定番だった食堂や宿にも、日本人が来なくなったので、読み手不在のまま当時の本が本棚で眠っている。

これと同じ光景が、ブラジル人が激減した塩尻のブラジルショップで起きていたわけだ。特定産業と関わりの深い移民は、日本政府の方針変更や企業戦略の変更で仕事がなくなり、別のところに移らざるを得なくなることがある。

ブラジル人移民が多かった時代にブラジル人集住エリアにできた店は期間工と違って簡単には移動しにくく、地域に残った人々のために店を開き続けたものの、学校も閉まり家族が引っ越すとなると状況は厳しい。移民の街として注目を集めようとする街の人々の裏には、労働ニーズに応じて日本国内で引っ越しを繰り返す移民もいる。移民の街が急拡大する一方で移民の過疎化が進む地域もあり、リアルな外国店舗が消えるかもしれないことを塩尻は教えてくれた。

区画整理で揺れる小岩

新型コロナウイルス感染者がだいぶ減った2021年11月、僕は小岩のフィリピン料理「ルートンピノイ」でご飯を食べていた。フィリピンで定番の朝定食「タプシログ」があるというので気になり、食べてみたかったのだ。朝ごはんだが、店自体が朝には開かないので昼になってお邪魔する。開店時間はまちまちなので午後1時になってから行った。

タプシログという料理をなぜ知ったのか、順を追って書くと、まず錦糸町のタプシログという店を「フィリピン　レストラン」で検索して発見した。タプシログについては、愛知の異国飯を紹介した第5章で触れたので説明は省くが、居抜きの雰囲気やフィリピン人の利用っぷり、何よりフィリピン人に愛されるフィリピン飯を出すことから、筆者がよく行くお気に入りの店になった。

そんなタプシログという店名の意味を愛知で助けてくれたフィリピンに詳しいAさんに聞くと、フィリピンの朝食だという。ならば本場のタプシログを食べてみたいと調べると、小岩のルートンピノイで出していることを知った。小岩は結構なんでもある。

「ルートンピノイ」に行くのは新型コロナウイルス感染拡大後久々だった。店の顔のエリーさんは僕のことはありがたいことに覚えていてくれた。

新型コロナウイルス感染拡大期間はルートンピノイも、またほとんどの外国店もちゃんとこの期間の飲食店の営業ルールを守っていた。そんなわけでいつの間にかギブアップして畳んだ店もある。ルートンピノイも期間中は弁当を販売するくらいしかできなかった。

「悲しいです。コロナで友達が死んでしまった」。エリーさんは話し出した。

「フィリピンはクリスマスの15日前から願いをかなえたいとお祈りをするのです。千葉のフィリピン人が集まる教会が、予約制で本来は利用者は限られるはずなのに、コロナ感染者も含めて大挙して押しかけてしまい、友達も司祭さんも感染してしまった」。クラスタが教会で発生したのだ。

「皆が集団感染してはいけないと、救急車が来てフィリピン人が別々の場所に送られてばらばらになってしまった。私の友達の夫婦の奥さんがコロナで死んでしまった」。悲しんだのはもちろんだが、同胞コミュニティでいつ感染するかわからない恐怖と隣り合わせだった。

タプシログを是非食べてみたいと頼んだ。

「タパ（牛肉）高いんですよ。1週間に1度しか来なくて最後の少しがあげられてよかった」。そう言ってエリーさんは厨房に入っていく。

平日の昼間に行くのは初めてだった。誰も客のいない店内で、フィリピンのテレビがネットで流れていた。エアロビクスの番組が流れていたが、それが終わるとフィリピン国営放送ABS－CBNのロゴが出て、後にはシンガポールで出稼ぎをするドラマが流れた。店内はクリスマスは1カ月以上先だというのに、クリスマスのデコレーションが早くも飾られていた。ドラマの内容も早すぎるクリスマスの準備もフィリピンの定番だとAさんが教えてくれた。

タプシログと一緒にオーダーしたカラマンシージュースが出てきた。タプシログは、プレートに牛肉「タパ」とガーリックライスと目玉焼き、それに日本の洋食のセット程度に野菜がのっているものだった。日本人の口に合うレベルでガツンとくる味だ。Tapsilogで検索すると、定番の食事とあって、レシピや紹介が無数に出てくる。気になる人は翻訳をかけたり動画を見てほしい。

「今度ね、ここで商店街のお別れ会をやるんですよ」。エリーさんが突然話を切り出した。小岩駅北口から、北側に延びる商店街「小岩駅北口通り」周辺一帯をまるまる再開発する「JR小岩駅北口地区第一種市街地再開発事業」が行われる。

ルートンピノイは移転することはないが、まさに対象エリアにある中国の羊料理チェーン「小城」が、タイ料理「サイフォン」の跡地に移転した。サイフォンはキャバクラの居抜きで、薄暗いステージのある店で食べログ最高評価の絶品タイ料理が食べられるというクセのある店だったが、小城は資本に余裕があるのか、キャバクラを改造して中国焼き肉屋仕様の内装にした。

また同じく対象エリアのタイ料理「クンヤーイ」には、再開発で閉店しましたという貼り紙があった。よく子供たちが宿題したり、おしぼりを詰めたりしていたが、子供たちとどこでやりくりするのだろう。その情報は得られなかった。

商店街がなくなるので、そのお別れ会を地主や社長が集まって行うのだが、商店街の店の居酒屋や食堂ではなく、このフィリピン料理屋ルートンピノイに決まった。広くてゆったりした空間がいいのだという。夜この店に行くと誰かしら高齢の男性がご飯を食べ、店員の誰かと話をしていたが、あれは商店街の人だったのか。「そうです。社長さんとか大家さんとかよく食べに来てくれました」

エリーさんと会話は続く。ルートンピノイはフィリピンレストランとしては5年くらいで、その前はフィリピンパブとして営業していた。「昔は小岩にフィリピンパブはたくさんありましたよ」という。

「この店、もともとは韓国の店だったみたいなんです。大家さんは韓国パブがなくなった後どうしようと困って、それで借りませんかと相談してくれたのです。居抜きだから安いですし」。なるほど、もともと韓国の出店攻勢がひいてフィリピン人にお願いしたのだ。

「この場所は最初悩みました。どう思います？　すごく入りづらいと思うんですよね」。1階はビジネス系の雑居ビルで、店舗のある2階にあがり、細い通路の入口に入り、フィリピンのポスターがいろいろ貼られた先にある異国の空間がこの店だ。入ればとても心地いいが、正直これほど足を踏み入れにくい店はなかなかない。やんわりと伝えた。東京の最果ての小岩で、好き好んで入る日本人は筆者ほかどれだけいるのだろう。ただフィリピン人の同胞だけでなく、地元商店街の先輩方にもかわいがってもらっていたのだ。

その後の22年3月にルートンピノイを訪れたときには、中年の日本人客が集まってユーチューブで動画配信を行い、「マラテ物語」なる自作の歌を歌っていた。彼らはユーチューブにアップロードした動画を画面に映して熱唱した。

「男の夢と　男のロマン　女の嘘と涙　エロと金と欲望　ひしめく『マラテ』」

歌詞にはこんな一節が出てくるが、ここで出てくるマラテはフィリピンの首都マニラの繁華街で、博打をして日本食を食べて女性に溺れるさまを歌った歌だ。

2000年頃には当時の大人が、日本でちょっと稼いで日本円を持っていってはタイやフィリピンの安宿を拠点に怠惰な海外生活を送っていた。バックパッカー街を歩けば日本人だらけだったし、ビジネスで来た日本人向けのナイトスポットも各地にあった。それを紹介する日本語情報誌も世界各地で出版されていた。

だんだんと日本人が経済力をなくしていく中で、それでもフィリピンで楽しみ続けた日本人だろうか、彼らが2022年にルートンピノイでユーチューブで実況動画を配信し、日本在住者とフィリピン在住者が視聴していたのである。かつてフィリピンを楽しんだ人々が集う(ネット上の)オフ会の場として、ルートンピノイのような店はちょうどいい。フィリピン人だけでなく、フィリピン(で遊ぶことが)好きな日本人にもニーズがある。

フィリピン以外もそうだ。猥雑であろうとなかろうと、かつて外国に住んだり、旅行したりした日本人はあのときの懐かしい雰囲気を求め、ガチ異国な店を求めていく。

下町のテナント料は幾分安い。しかし店を開けると赤字になりがちで面倒な客に消耗することもあるし、内装をし直そうとするとコストはがっつりかかる。店を売却しようとしても不動産価格が上がっているところ以外はなかなか厳しい。結局店舗だけ残してシャッター街になりがちだ。小岩だってそんな街だ。

小岩は外国人オーナーにとっては逆に余裕のある街ともいえる。区画整理が進みつつある22年3月、台湾人店長の独特な世界観と読解不能な日本語メニューが特徴の「麻屋」に足を運んだときのこと。いつものように店がある2階に上がっていくと、そこは独特な世界観の漂う異国飯屋ではなく、無機質な雑居ビルに雀卓だけが置かれた空間になっていた。狐につままれた気持ちになっていると店長がやってきて「ごめん。デリバリーはやるけど、食堂はもうやらないんだ。これから雀荘やる！　中国人と日本人が遊べる雀荘を作るんだ！」（意訳）と中国語で言うのだ。気分で業態変化するのだから異国飯屋は意表を突かれて面白い。

異国飯屋は実に魅力的だというのを本書で伝えてきたが、とはいえ知らない人にとってはなんとも怪しい店で入店をためらうだろう。

しかしその日本の常識の枠を超えたデザインや、言葉が100％通じるわけではないコミュニケーションの特殊さから客を選ぶことから、難癖《なんくせ》をつけたい面倒な客とニアミスすることは少ない。また最初から日本人客はそんなにあてにできないから、回転数で多売しなければいけないということもない。

母国の雰囲気でリラックスしたい外国人や外国に関心がある筆者のような人間が、日本の飲食空間と異なる感じでゆっくりまったり過ごせるのが、異国飯屋という空間である。本書で紹介した地域や店が全てではない。僕はこれからもワクワクを求めて異国飯屋を開拓する。あなたもぜひ近所で見つけた店に一歩入ってみてほしい。

結果、消え行く商店街の最後の賑わいに貢献するのが異国飯屋だということを、小岩の街を見て思った。神奈川県愛川のように元難民も定着すれば地域の活力になるし、大工場がある移民の街も群馬県大泉町のように外国人労働者の多さを活用して町おこしできよう。

多文化共生の明るいゴールがあるとすれば、そのひとつはこんな感じになるのだろう。好奇心をもってふらりと未知の国の店に入り、店員に教えてもらって未知のものを注文し食べ、「こんな味なんだ!」と感動し理解への一歩を踏み出し、お金を落とす。それが僕らにできることなのだ。

移《い》民《みん》時《じ》代《だい》の異《い》国《こく》飯《めし》

二〇二二年 四 月二五日 第 一 刷発行

著者 山谷《やまや》剛史《たけし》

発行者 太田《おおた》克史《かつし》
編集担当 片倉《かたくら》直弥《なおや》
装画 小林《こばやし》銅蟲《どうむ》

発行所 株式会社星海社
〒一一二-〇〇一三
東京都文京区音羽一-一七-一四 音羽YKビル四階
電話 〇三-六九〇二-一七三〇
FAX 〇三-六九〇二-一七三一
https://www.seikaisha.co.jp/

発売元 株式会社講談社
〒一一二-八〇〇一
東京都文京区音羽二-一二-二一
(販売)〇三-五三九五-五八一七
(業務)〇三-五三九五-三六一五

印刷所 凸版印刷株式会社
製本所 株式会社国宝社

アートディレクター 吉岡《よしおか》秀典《ひでのり》(セプテンバーカウボーイ)
デザイナー 五十嵐《いがらし》ユミ
フォントディレクター 紺野《こんの》慎一《しんいち》
校閲 鷗来堂《おうらいどう》

ISBN978-4-06-527756-0
Printed in Japan

219
SEIKAISHA SHINSHO

星海社新書ラインナップ

1 武器としての決断思考　瀧本哲史

「答えがない時代」を生き抜くための決断力

教室から生徒があふれる京都大学の人気授業「瀧本哲史の意思決定論」を新書1冊に凝縮。これからの日本を支えていく若い世代に必要な〝武器としての教養〟シリーズ第1弾。

9 20歳の自分に受けさせたい文章講義　古賀史健

「書く技術」の授業をはじめよう！

なぜ「話せるのに書けない！」のか。若手トッププロライターの古賀史健が、現場で15年かけて蓄積した「話し言葉から書き言葉へ」のノウハウと哲学を、講義形式で一挙に公開！

25 キヨミズ准教授の法学入門　木村草太

日本一敷居の低い、法学入門書！

喫茶店で、不思議な大学の先生と出会ったことから、僕は法学に興味を持つことに……。気鋭の憲法学者×漫画家・石黒正数。「法学的考え方」を小説で面白く学べる、最高の法学入門！

SEIKAISHA SHINSHO

次世代による次世代のための

武器としての教養
星海社新書

星海社新書は、困難な時代にあっても前向きに自分の人生を切り開いていこうとする次世代の人間に向けて、ここに創刊いたします。本の力を思いきり信じて、**みなさんと一緒に新しい時代の新しい価値観を創っていきたい。若い力で、世界を変えていきたいのです。**

本には、その力があります。読者であるあなたが、そこから何かを読み取り、それを自らの血肉にすることができれば、一冊の本の存在によって、あなたの人生は一瞬にして変わってしまうでしょう。**思考が変われば行動が変わり、行動が変われば生き方が変わります。**著者をはじめ、本作りに関わる多くの人の想いがそのまま形となった、文化的遺伝子としての本には、大げさではなく、それだけの力が宿っていると思うのです。

沈下していく地盤の上で、他のみんなと一緒に身動きが取れないまま、大きな穴へと落ちていくのか？　それとも、重力に逆らって立ち上がり、前を向いて最前線で戦っていくことを選ぶのか？

星海社新書の目的は、**戦うことを選んだ次世代の仲間たちに「武器としての教養」をくばることです。**知的好奇心を満たすだけでなく、自らの力で未来を切り開いていくための〝武器〟としても使える知のかたちを、シリーズとしてまとめていきたいと思います。

2011年9月

星海社新書初代編集長　柿内芳文

SEIKAISHA SHINSHO